U0044616

《 作者簡介 》牛玄子

本名郭乙，1961 年 10 月 1 日出生於台南。

　　從事媒體工作，55 歲退出職場歸隱山林，在新竹峨眉一處偏避山區陋室獨居，2018 年 3 月下旬於山谷中，遭逢一場生死劫難，幸蒙「聖靈」恩典護佑大難不死。

　　他突然了悟人生變化無常，明澈人人皆攜願而來，他本著初生之犢不畏虎之稚心，加上一股憨勁，義無反顧的勇闖道德翰林，拙筆舞字分享靈思。

　　這是他十年參悟道德經之作，他說只有「打破砂鍋問到底」，才能問出《道》是誰？他決定徹底擺脫「形而上」之道說，採用「形而下」思維來淺談訴說老子之道，寫出道德經淺顯易懂、清淡如水、樸素無華的隱藏美學。

蘇格拉底說：「最有希望的成功者，并不是才華出眾的人，而是那些最善于利用每一時機去發掘開拓的人」。

摘 要

作者牛玄子在「辟穀斷食」階段，經歷了與老子夢中相遇的機緣，於是一場與老子徜徉「道德經」的夢境之旅，於焉展開和發展；後來於山中獨居遭遇大樹壓身、大難不死，有感而發，因而決定將這一場長達十年的夢境之旅，發願圓夢出版這套書，這是許多次接連的因緣，沒有虛幻、沒有矯情，只有一片初心和純粹。

作者看遍許多專家學著撰寫的「道德經」之我見和注釋，無法道盡他和老子對話的交心和真誠，誠如「虛懷若谷應無心，天長地久在無私」，以個人的寬懷審思大度，用實際的傳承和分享，反饋普世大眾，一切歸於一心一德，邀請大惑的讀者一起參與感同身受的心靈滌淨之旅，回歸嬰兒般純心無染的境界。

序——
缘起

《序・緣起》

「人生如夢、夢如人生」，在睡眠中做夢是一件常態性的生活體驗，偶有噩夢、偶有美夢、時而清晰、時而模糊，還有一種夢境是在意識清醒時所做的夢，俗稱「清醒夢」又稱作「清明夢」。清醒夢一詞由荷蘭醫師弗雷德里克・凡・伊登（Frederik van Eeden）在 1913 年提出，根據國外研究顯示，約有 55% 的人有過清醒夢的經驗。

清醒夢可以隨自己的意志來控制夢境，聽起來讓人感到很新奇，2010 年李奧納多主演的一部電影《全面啟動》或翻譯成《盜夢空間》，正是描述一群造夢者左右夢境的科幻故事。

筆者某次於噩夢中驚醒，清醒瞬間突然心生一念，既知是夢境，何故受制？於是再入夢中隨自我意志來改變夢境。有一日在夢中巧遇一仙人，此者老白髮披肩、眉濃如墨、面色紅潤如孩，騎在牛背上由一位身穿道袍的少年牽引而來，心想此人不正是道家尊者～老子尊駕，當下便興起一念，何不藉此機緣，向他老人家請益「養生之道」，正準備要開口請益，他老人家先發制人問曰：我想喝酒，請問你有酒嗎？

我愣住了一下，倉促回答：我平時不喝酒，所以身邊沒帶酒，但見他老人家顯露失落神情，我在慌張失措中驚醒～。清醒瞬間很懊惱的責怪自己，怎麼突然變笨了，即知是在夢境，酒可以變出來給他喝～，於是再入夢中，手拿著一壺美酒，此時他老人家已飛昇在半空中，諸多天神下凡來迎接他，只見他老人家，回首對我微笑～夢散無影，也正是這段夢境機緣，開啟了長達十年的參悟之旅。

由於筆者才疏學淺，對《道德經》不曾深入研讀，乍看原文如同初識學子一頭霧水，古籍之文言文確實艱澀難通，需要強烈依賴白話文解說來理解其中的真實義，無奈看了諸多學者譯註，卻有種越看越迷糊、越看越迷失方向的無力感，這到底是怎麼回事？有次在台北誠品信義店擺放道德經專櫃書架前，駐足許久，巧遇一女子善意告誡，她說：「老師叫我們不要看市面上註解的道德經，幾乎都是錯誤百出」。此時我才明白，原來閱讀道德經所產生的無力感是一種通病，她的老師是一位密教修行的仁波切，可惜並沒有對道德經一書註說解惑。

退出職場之前，由於工作關係經常往返兩岸，每次出差總是不厭其煩的前往新華書城挖寶，諸家學者譯註的道德經可以用五花八門來形容，我卻找不到可以被說服的勇氣。有趣的是根據聯合國教科文組織統計，被譯成外國文字發行量最多的世界文化名著，除了《聖經》以外就是《道德經》，我不禁納悶，身為一名中國人對自己的文化典籍都搞不懂了，外國人到底又如何解讀它？

解鈴還須繫鈴人，於是我拋棄了古往今來所有的包袱，決定將經文帶入夢中去參悟，老子讓我明白時空背景存在的意義，相信文字的意涵亦復如是，於是深入去大量閱讀先秦古籍與了解周天子春秋時期歷史軌跡，試圖找到足以啟發靈感的蛛絲馬跡，進而抽絲剝繭找出文字變異基因，才能發掘出《道德經》的隱藏美學，才能看見老子的初心。

本書之初稿原訂名為《在夢中遇見老子》，書稿在淡江大學歷史系・戴月芳教授熱心審閱之後，建議此書更名為《我與老子在道德夢境中相遇》，此書能順遂出版，於此特別感謝一位行事低調的企業集團大家長，默默鼎力襄助。

～ 牛玄子 寫於新竹・峨眉 ～

目錄

前言——

浅説道德經之歷史

《 前言・淺說道德經之歷史 》

五千餘字的《道德經》，最初這一本書稱為「老子」而無「道德經」之名，也沒有分章節，到了漢代河上公將其分為八十一章，至此，遂成定論；據《史記・老子韓非列傳》記載，老子是春秋楚國苦縣厲鄉曲仁里人，姓李名耳字聃，曾做過周室守藏史。孔子至周時，曾問禮於老子。梁啟超與諸多學者深入考察研究，認為老子大約比孔子年長二十歲，於是有了老子（公元前 571 年－前 471 年）出生卒年推論之說。

由於古代經書傳抄，時有衍生錯植的情況，故而《老子》一書之版本，成書以來，始終存在極其複雜的爭論，例如包括河本、王本、傅本、范本、開元本、景龍本、敦煌本、馬王堆甲乙本、郭店楚簡本以及不同年代王公貴族隨葬的《老子》版本，目前市面上通行的註解本，以王弼《老子道德經注》以及河上公《老子章句》版本流傳最廣。

1973 年 12 月在湖南馬王堆出土的帛書《道德經》甲乙抄本，分別成書於公元前 202 年西漢高帝和公元前 180 年文帝時期；此外，1993 年 10 月出土的湖北郭店楚簡《道德經》抄本，推估成書年代至少在（公元前 450 年－前 350 年）戰國中前期，這三種版本經過歷史文化工作者的整理，發現其內容與現代所見的諸多版本，有不小的出入。

近代文人暨史學家胡適先生繼承傳統的說法，認為老子略早於孔子，國學大師錢穆則創立新說，認為老子略早於韓非後於孔子。一次，兩人不期而遇。錢穆說：「胡先生，《老子》成書的年代晚，證據確鑿，你不要再堅持你的錯誤了！」胡適則說：「錢先生，你舉出的證據還不能說服我，如果你能夠說服我，我連自己的親老子也可以不要！」

成書的年代，是否代表作者在世的年代？這是一段有趣的爭議話題，尤其是在春秋戰國那個以帝王名人為尊的時期。以《管子》一書為例，大約成書於戰國時代至秦朝時期（約公元前475年－前221年），其內容很龐雜，包括法家、儒家、道家、陰陽家、名家、兵家和農家的觀點，成書者並非管仲本人，乃齊國「稷下學宮」集結之作，而管仲他是春秋時期極富盛名政治家，其出生卒年（約公元前723年－前645年），與成書年代前後差距有數百年之遙。

「河上公」是歷史上真正的隱士，有此一說，河上公出生於西漢（約公元前 180 年－公元前 160 年）漢文帝時期，亦稱「河上丈人」、「河上真人」，乃齊地琅琊一帶方士；「王弼」是三國曹魏時期（公元 226 年－249 年）經學家、哲學家，魏晉玄學的代表人物之一，其註解老子思想，明顯深受東漢道教百年宗教觀之影響，此二人所處年代差距有四百餘年。

「五斗米道」又稱正一道、天師道、正一盟威之道，是道教最早的一個派別；據史書記載，在東漢順帝時期（約公元 130 年），由張道陵在蜀郡鶴鳴山創立；據《後漢書》、《三國志》之記載，凡入道者須出五斗米，故得此名，又稱為「米巫」、「米賊」、「米道」，因教徒尊張道陵為天師，又稱「天師道」。

解讀古文就必須有一層空間秩序的觀念，例如「 霸 」字，在春秋時期並非貶辭，「 霸 」即「 伯 」在當時是強大諸侯國君主的頭銜，並無現代「 蠻橫無理 」的含義。故而解字不能囫圇吞棗，必須真實貼切於歷史軌跡，綜觀《道德經》之全文，其文本充滿哲學意味，論述聖人修身、治國、用兵之道，且多以政治為旨趣，乃儒家所謂「內聖外王」之學，文簡深奧、直指人心，故而本書抽離了「形而上」的枷鎖，不雜以「道家道學」之說，卷卷如斯，一以貫之。

上篇

——

經文

卷一

道可道非常道
名可名非常名
無名天地之始
有名萬物之母
故常無欲以觀其妙
常有欲以觀其徼
此兩者同出而異名，同謂之玄
玄之又玄，眾妙之門

道可道非常道

人生成就之道，有很多不同途徑可以選擇，追求功名並不是唯一的道路。

名可名非常名

每一位成名之人，歷史都會留下他生平的記錄，有的人留下了美名、有的人留下了罵名。

無名天地之始

人若無貪求功名之心，他的人生道路雖然平凡，卻開闊像天地剛形成之初那般自在無礙。

有名萬物之母

人若執著於追求功名，會發現競爭與挫折，無時無刻就像萬物之母般生生不息永不間斷。

故常無欲以觀其妙

所以人們若能經常維持淡泊名利的心態，就能很容易觀察出人生奇妙之處。

常有欲以觀其徼 _{ㄐㄧㄠˋ}

若人們始終把追求名利當作人生唯一的價值觀，就會發現欲望無邊無際，永遠無法得到滿足。

此兩者同出而異名，同謂之玄

無欲與有欲，都掌握在自己一念之間的選擇，一個人成就的方向與名聲好壞，都會因為抉擇不同而有所差異，這種普遍存在的人性共通現象，稱之為「玄」。

玄之又玄，眾妙之門

每一個人際遇的「玄機」都充滿難以掌握之變數，這是一門很玄奇的學問，也是各家巧妙學說的基礎。

「道可道非常道，名可名非常名」這二句經典名言，大多數名家們白話解釋為：可以用語言描述的「道」，就不是恆久不變的真理；可以用文字表達的「名」，就不是恆久不變的名。

在夢中，老子問我二個問題。第一、請問我的道德經是不是文字表達？第二、請問我寫道德經，難道不是在用語言描述我所領悟的「道」嗎？頓時我無言以對。但是心裡暗自嘀咕著～名家們的說文解字，讓「道」看起來，充滿難以言喻的神秘性以及濃厚哲學思想，很美啊！

「道可道、非常道」句中第二個「道」字，眾人幾乎以「言、說」之意來解讀，這是一種顯而易見的誤導，依照「說文解字」註釋：「道者，路徑也」。

國學大師南懷瑾在「老子他說」一書中也特別針對第二個「道」這個字，有詳細研究分析，他說：有人解釋老子第一章首句的第二個「道」字，便是一般所謂「常言道」的意思，其實這是不很妥當的，因為把說話或話說用「道」來代表，那是唐宋才較為普遍的口頭語，上溯春秋戰國時代，那個時候表示說話的用字，都用「曰」字，如「子曰」、「孟子曰」等等。

「道可道、非常道」句中第三個「道」字，眾人幾乎都以「形而上、不可究竟的宇宙實相」來定義，這種見人見智的說法，倒也是可以理解，只是把老子「道德經」的哲學思想，提升到無遠弗屆、高深玄妙之境，讓人難以一窺全貌，真的是老子的初心嗎？

其實閱讀先秦歷史與古籍，不難發現「道」這個字，出現在諸子百家言論中，其實是相當普遍的常用字，各家對「道」字的採用與定義，也都有各自不同主張與說法，「道」字顯然只是諸子百家思想學說的一種流派象徵，老子的思想學說何嘗不是如此？

若見獵心喜將經卷中有「道」之字，都貼上「不可言說、不可究竟」之標籤，更讓人難以理解經卷所說之真理，猶如霧裡看花、怎麼看都看不清是甚麼花？

此時，老子突然現身問我：現在霧散了，你看到的是甚麼花？我毫不猶豫回答說：是路邊小野花。

只見他老人家神情自若，不發一語、閉眼沉思，他並沒有因為我膚淺的見解而動怒。

卷二

天下皆知美之爲美，斯惡已
皆知善之爲善，斯不善已
故有無相生、難易相成、長短相形
高下相傾、音聲相和、前後相隨
是以聖人處無爲之事
行不言之敎，萬物作焉而不辭
生而不有、爲而不恃、功成而弗居
夫唯弗居，是以不去

天下皆知美之爲美，斯惡已

即使天下人對於「美」的認知都有一種共識，這種「美」還
是有人會厭惡它。

皆知善之爲善，斯不善已

即使天下人對於「善」的認知都有一種共識，這種「善」還
是有人會指責它。

故有無相生、難易相成

所以每一件事物的見解，都必然會出現正反兩極的看法，這
正是「有無相生」的道理；猶如你認為很難達成的目標，有
人卻能很容易達成。

長短相形、高下相傾

每個人都有屬於自己的長處，也必然存在自己很容易忽視的
短處；人們在追求理想與目標要懂得知足，因為爬得越高摔
得越重。

音聲相和、前後相隨

當有人歌功頌德讚美你，必然也會有毀謗你的聲音出現；前面的目標還沒達成，後面的欲望馬上又跟隨而至，這就是人性私欲的玄妙之處。

是以聖人處無爲之事、行不言之敎，萬物作焉而不辭

所以聖人處事選擇了「大公無私」而為之，並且知行合一以身作則，用實際行動教導人們學習人性美德，這種「無私奉獻」的精神特質，也是天下萬物運作、生生不息的自然法則。

生而不有、爲而不恃、功成而弗居

其實聖人也如同常人一般會有欲望念頭，只是他們懂得如何取捨，他們這種作為不是為了要凸顯自己的才華，更不是為了贏得世人的尊敬與讚美而居功。

夫唯弗居，是以不去

他們從不以「聖人」的身份自居，所以他們「無私奉獻」的美德，才能夠在時代戰亂變遷中，永續傳承而不會消失。

老子的相對論比愛因斯坦的相對論，足足早了一千多年，我藏不住一股好奇心，不知愛因斯坦是否看過老子道德經的外文譯本？有報導說，美籍華裔數學大師陳省身 1943 年在美國認識愛因斯坦時，親眼所見愛因斯坦的書架上，有一本《道德經》德文譯本。

根據聯合國教科文組織統計，《道德經》在全球外文譯本已超過 1000 多種，翻譯成 30 多種語言，是《聖經》以外被譯成外國文字以及發行量最多的文化名著。

在夢中，老子也好奇問我：用中文撰寫之經書，身為炎黃子孫的華人，自己都將它視為最難讀懂的一部文學，外邦之人，又是如何從外文譯本理解經書內容？

希臘哲學家蘇格拉底有一句名言：「我所唯一知道的事情，就是我什麼都不知道」。

印度靈修大師奧修出版了三本「老子道德經」著作，他說：老子比較像是一個詩人，如果你透過頭腦來瞭解老子，你將永遠無法瞭解他，你可以繼續一直繞圈子，但是你將永遠碰不到他的核心，你必須透過心來瞭解他；當你試著要去瞭解老子，你會發現他左彎右拐，你會看他有時候向東走、有時候像西走，因為他說東就是西、西就是東，它們兩者是在一起的，它們是一體的，他相信正反兩極的聯合，生命就是如此。

 卷三

不尚賢，使民不爭
不貴難得之貨，使民不爲盜
不見可欲，使民心不亂
是以聖人之治
虛其心、實其腹、弱其志、強其骨
常使民無知無欲，使夫智者不敢爲也
爲無爲，則無不治

不尚賢，使民不爭

不要偏重崇尚賢士之能，而漠視社會百工貢獻之力，才能使百姓不會陷入爭名奪利的迷思。

不貴難得之貨，使民不爲盜

不要炫耀擁有稀世珍寶的珍貴價值，才能使百姓不會產生盜竊致富的貪念。

不見可欲，使民心不亂

不要有貪贓枉法、放縱私慾的敗德行徑，才能安定民心，社會治安就不會出現各種失序亂象。

是以聖人之治，虛其心、實其腹、弱其志、強其骨

所以聖人輔佐治國，首先就是要虛淡執政者「沽名釣譽、玩物喪志、放縱私欲」之心，落實利養百姓的安民政策；其次是改善社會風氣，削弱百姓爭名奪利之志向，強化振興社會百工之骨幹。

常使民無知無欲，使夫智者不敢爲也

經常教育百姓，使其具有「大公無私」的知見、斷除「偏離正道」的欲望，如此一來，那些喜歡賣弄聰明、投機取巧之人，自然不敢為非作歹。

爲無爲，則無不治

執政者若能以身作則展現「大公無私」的行為價值，那麼天下就沒有無法治理的國家。

希臘哲學大師‧蘇格拉底：「知足」是天然的財富，「奢侈」是
人為的貧窮。

「不丹」是喜馬拉雅山下一個小國，「不丹」梵語的意思是「西
藏旁的高地」，藏傳佛教影響著這裡的信仰和生活方式，那裡
土地不肥沃、礦產不豐富，國民所得不高，在全球 193 個國家
中，不丹的經濟排名是落後在 130 名之外；但是不丹有著「最
幸福國度」的稱號，被稱為喜馬拉雅山下的香格里拉，他們多
數人是佛教徒，高達 97% 人民認為自己很幸福，他們這種幸
福不是來自於外在物質的慾望滿足，而是來自於信仰與觀念的
知足。

「不丹」有 90% 的人口都從事農業，只要有田耕種、有房子居
住他們就很滿足了；雖然擁有得天獨厚的旅遊資源，卻不希望
過多的遊客破壞文化傳統跟自然生態，所以每年只允許一萬名
遊客進入不丹，以免不丹遭受外界過度污染。

2004 年底，不丹政府宣佈「禁煙令」，居民不可在公共場所和
任何戶外地點吸煙，這是世界上第一個全面禁煙令；不丹規定
公共場合，男女都需著國服，男性是一件式的裙裝，長度及
膝，稱為幗 (Gol)，女性三件成套，長度及足踝，稱為旗拉
(Kira)。

不丹原始森林的覆蓋率 72% 在亞洲排名第一，全國 26% 土地為國家公園，為了保護環境與文化，不丹寧願「少賺錢」有礦產也不開採，不丹人認為「真正有品質的生活，不是生活在有高物質享受的地方，而是擁有豐富的精神層面與文化」。

不丹第四世國王吉格梅・辛格・旺楚克，1972 年登基後，將一貧如洗的不丹改造成初具規模的現代基礎設施國家，有四個大型水電站保證電力自給自足的同時，還向印度出口 71% 的水力發電，成為不丹最大的收入來源，國民享受免費教育和醫療，他在位期間，走訪全國瞭解人民的生活和願望，與牧人一起席地而坐聊天用餐，獲得了「平民君主」的讚譽，是一位深受人民愛戴的國王。

不丹是「世襲君主制」國家，第四世旺楚克國王卻在 50 歲時選擇退位，老百姓都希望他繼續當家，他不貪念王權堅決退位，同時為了推動國家體制朝向「民主制度」改革，走遍了不丹每一個村莊，向自己臣民詳細解說國家「民主化」的重要性。他曾說：我可以努力做個愛民的國王，但我無法保證不丹代代都有好國王，為了不丹人長遠的幸福，一個有效的制度比王位更重要。

在夢中，老子對我說：「不丹第四世旺楚克國王，擁有聖人般的德行智慧」。

 卷四

道沖而用之
或不盈，淵兮似萬物之宗
挫其銳、解其紛、和其光、同其塵
湛兮似或存，吾不知誰之子，象帝之先

道沖而用之，或不盈，淵兮似萬物之宗

提倡「聖人之道」，可以用來沖氣平衡爭名奪利的世俗風氣，雖然無法讓人在名利上得到滿足，但在內心深處，卻能感受到知足所帶來的喜悅，這也是萬物生存的一種本能。

挫其銳、解其紛

學習「聖人之道」，可以幫助人們降低欲望的需求，可以有效化解人與人之間的紛爭。

和其光、同其塵

大家都在太陽下共同生存，沒有任何一個人可以將太陽獨自佔有；每一個人的生命，最終都要回歸塵土，何必為了滿足私欲你爭我奪紛擾不休。

湛兮似或存，吾不知誰之子，象帝之先

人們若不執迷於追求名利，就能清澈透明看見人性存在的意義，我不知道人類最初爭名奪利的欲望是怎麼形成的，好像是歷代繼位帝王率先做了最不好的示範。

在華夏文明的遠古時代，人們善盡本能共同生產、均分食物、人人平等、財富公有，這是一個沒有爭奪欺詐、盜賊劫掠的祥和社會，中國歷史學家稱這個時期的社會為「大同社會」；當時古人為了生存與發展，懂得推舉賢能的人出來當領袖，因此造就了中國歷史上「堯傳舜、舜傳禹」的佳話，歷史學家稱這種體制為「禪讓」。

然而隨著時代演化變遷與生活條件改善，部落特權者為了維護自身利益，開始動搖了「禪讓」體制，夏「禹」死後，禹之子「啟」為了奪權殺了首領「益」，開創了父傳子、家天下的新體制，中國歷史第一個世襲制「夏」王朝，就這樣誕生了。

夏朝最後一位帝王「桀」，是中國歷史上記載的第一位暴君，夏桀即位之後「築傾宮，飾瑤臺」，荒淫無度、殘暴成性、重用奸臣、濫施征伐，完全置百姓生活於不顧；夏桀心性高傲自認是太陽的化身，能與太陽同壽，最終因他的暴虐無道、導致眾叛親離，遭商「湯」出兵討伐，夏桀戰敗逃入荒山野嶺，活活餓死於山中，「夏朝」因此滅亡。

商湯雖滅了夏桀開創了「商朝」，但是對於王位繼承沒有明確規則，導致君王死後，皆爆發激烈的王位爭奪戰，商朝早期幾乎沒有一代帝王是平安順利繼承而來，因此史書稱為「九世之亂」。

自古以來，人類都依賴武力強權左右歷史演變，「肉弱強食」是自然界生存的野蠻天性，而人類異於自然界之生物，貴在人性之德；歷史告訴我們，舉凡以武力贏得的天下，若無德政嘉惠於民，其政權終遭推翻。

古羅馬著名政治哲學家・塞涅卡：「一個暴君無論殺戮多少人，也殺不掉自己的繼承者」。

卷五

天地不仁，以萬物爲芻狗
聖人不仁，以百姓爲芻狗
天地之間其猶橐籥乎
虛而不屈，動而愈出
多言數窮，不如守中

天地不仁，以萬物爲芻ㄔㄨˊ 狗

天地孕育萬物本無私心，一旦出現氣候異常或地震災害，這種現象就是「天地不仁」的寫照；當天災肆虐，天下萬物可以說是毫無抵抗之力，彷彿稻草編織的狗形陪祭品，在祭祀之後就會遭受拋棄。

聖人不仁，以百姓爲芻狗

聖人輔佐治國本無私心，一旦屈服王權而輕言獻策征戰，這種現象就是「聖人不仁」的寫照；當戰爭肆虐，黎民百姓可以說是毫無抵抗之力，彷彿稻草編織的狗形陪祭品，在祭祀之後就會遭受拋棄。

天地之間其猶橐ㄊㄨㄛˊ 龠ㄩㄝˋ 乎

這種天災人禍的氣象，在天地之間始終存在而且無法避免，它就像冶煉鐵器用來助燃火焰的鼓風箱，淬鍊著天下萬物與黎民百姓的生存應變能力。

虛而不屈，動而愈出

兵事非聖人之所長，不要屈服於王權而輕言獻策，一旦動搖信念陷入征戰迷思，只會讓天下戰火更加持續蔓延。

多言數窮，不如守中

若遇昏君屢勸不聽，最好避其鋒芒，因為不斷勸諫，可能會引發君王惱羞成怒而惹來殺生之禍，不如守住心中輔佐治國安邦的初衷，不要干涉兵事。

《莊子‧徐無鬼》曰:「夫殺人之士民、兼人之土地,以養吾私與吾神者,其戰不知孰善?勝之惡乎在。君若勿已矣,修胸中之誠,以應天地之情而勿攖」。

莊子說:殺死他國的士卒和百姓,兼併他國的土地,用來滿足自己的私欲和精神狀態,實在看不出這種戰爭有何善意可言?這種勝利充滿了邪惡的本質。你不如停止征戰之心,修養心中的誠意,從而順應天地和諧之規律而不去擾亂天下安定的秩序。

歷史記載,每一個朝代都會發生天災,夏王朝末期發生過三次大地震,《國語‧周語上》談到夏末地震有言「昔伊、洛竭而夏亡」;當時夏王朝有個太史,是掌記事兼天象、曆法的官吏,他觀天象異常又見皇帝「桀」暴虐無道、寵妃縱慾、不理朝政,經多次勸諫無效,眼見亡國在即,於是出逃投奔商「湯」旗下。

大夫見太史官勸諫無效,就手捧「皇圖」覲見,「皇圖」又稱作「黃圖」,是古代王朝繪製帝王祖先功績圖,旨在告誡後代帝王效法祖先之仁愛德政,夏朝「皇圖」繪有大禹治水之圖像,大夫獻「皇圖」是要提醒「桀」效法先王始祖大禹一樣節儉愛民、方能享國長久;但是昏君「桀」對這樣的諫言不僅不聽,反而惱羞成怒將大夫殺之,從此賢臣絕跡,無人敢再勸諫,導致商湯順乎天意而起,滅夏建立商朝。

「虛而不屈，動而愈出」也可以理解為使用鼓風箱冶煉鐵器，掌握火侯的功夫，一旦風力虛弱火侯不足，則打鐵不成；一旦風力強勁火侯過度熾熱，生鐵就會溶化成鐵水，所以「多言數窮，不如守中」，每一個鐵匠，對於冶煉鐵器火侯力道的掌控，都有各自的豐富經驗與技巧，所以對於欠缺經驗的人，掌握不到訣竅，不如守住適中的火侯力道。

西周末春秋初，人工冶鐵技術躍進，除了可以製造兵器之外，也可以製造出鐵質農具「鐵犁鏵」，取代傳統古法的農事技術，鐵器因此取代了青銅器，故橐籥冶鐵用之於農器則仁焉生矣、用之於兵器則不仁焉死矣。

春秋諸侯紛爭天下大亂，小國為了避免淪為大國興兵的藉口，對於鐵器的製造與使用，特別戒慎恐懼，故有卷八十所言之：「使民復結繩而用之」一詞，就是捨棄「鐵犁鏵」鐵器農具改用結繩古法來從事農作。

希臘哲學大師‧亞裡斯多德：「人生最終的價值在於覺醒和思考的能力，而不只在於生存」。

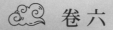 卷六

谷神不死，是謂玄牝
玄牝之門，是謂天地根
綿綿若存，用之不勤

谷神不死，是謂玄牝

只要人的精神意識沒有喪失功能，就會衍生出各種念頭，這種能孕育思想的母體，稱之為「玄牝」。

玄牝之門，是謂天地根

「玄牝」可以說是，打開人類在天地之間生存的智慧大門，稱之為「天地根」。

綿綿若存，用之不勤

「天地根」是綿綿不絕、念念相繼，動念於善則生善根、動念於惡則生惡根，人們要將思想落實於行動之前，要深思熟慮，不要未經思考就草率行事。

愛因斯坦有句經典名言:「想像力比智慧更重要」。

自古以來人類透過觀察天地氣象與萬物之變化,衍生出豐富的想像力,成就了人類科技的大躍進,創造出利益群眾與改善生活品質的諸多巧思發明,這種「無中生有」的玄妙智慧,是人類善用「天地根」的最佳寫照。

二十世紀哲學大師詹姆斯・艾倫說:如同植物的生長離不開種子一樣,人類的一切行為皆源於自己內心深處的思想,沒有這些思想,就不可能出現各種行為,而對於那些「下意識產生」或「未經深思熟慮」的行為,一定要謹慎對待;思想如同工具,一個人如果利用工具來製造武器,既傷害別人又傷害自己,一個人如果利用工具來創造發明,既造福社會又便利自己,只有樹立正確的思想,並讓其發揮作用,人類才能一步步地創造出一個理想、美好,又和諧的世界。

在夢中,老子說:百姓就是國家的「天地根」,一個國家興盛之關鍵,歸功於社會百工各司其職、善用「玄牝」之門精進技能、造福人群;一個國家存亡之玄機,取決於執政者一念之間的抉擇,若從善如流、貫徹如一,則能利養萬民安太平,執政者擁有這種玄妙智慧的德行,稱之為「玄德」。

卷七

天長地久
天地所以能長且久者，以其不自生，故能長生
是以聖人後其身而身先，外其身而身存
非以其無私耶，故能成其私

天長地久

「天長地久」象徵著永恆。

天地所以能長且久者，以其不自生，故能長生

天地之所以能長久存在，是為了孕育天下萬物並非為了自己，所以「大公無私」乃是天地可以長久生存的自然法則。

是以聖人後其身而身先，外其身而身存

所以聖人效法天地「大公無私」之精神，將個人自身利益置於身後，而以謀求天下百姓福祉為優先；他們將個人「名利私欲」置身事外，反而成就了他們「大公無私」的人格特質。

非以其無私耶，故能成其私

並非聖人沒有私欲，只是他們懂得「犧牲小我、完成大我」的取捨，所以成就了他們「淡泊名利、大公無私」的人格特質，這就是聖人的私欲。

天下萬物的生命現象，都只能短暫存在，只有透過傳宗接代，
才能在天地之間長久生存，人類具有其它生命物種所欠缺的高
貴特質，而「聖人」就是這個高貴特質的核心。

引用《維基百科》內文：「聖人」乃指被大眾認為具有特別美
德和神聖的人，在中國古代聖明君王以及後世道德高尚、儒學
造詣高深者，皆被稱之為「聖人」，聖人的介定經常出現在諸
子百家書籍。

《孔子家語・五儀解》公曰：「何謂聖人」？子曰：「所謂聖人
者，德合於天地、變通無方，窮萬事之終始，協庶品之自然，
敷其大道而遂成情性，明並日月、化行若神，下民不知其德、
覩者不識其鄰，此謂聖人也」。孔子依此定義來自省其身，他
並不認為自己有資格可以稱為「聖人」，故謙虛謹慎的以次二
等「君子」人品自居。

《管子・心術下》曰：「聖人若天然無私覆也，若地然無私載
也，私者亂天下者也」。

聖人心念如同常人一般並無二異，只是多了一點自律覺知，一旦發現升起之念頭，有私欲傾向之疑慮，當下就打消斷除念頭，故能做到「生而不有」之境界，這與禪宗「參話頭」修行法門，有異曲同工之妙。

「非以其無私耶，故能成其私」用這句話來注解「生而不有」，可以說甚為貼切，道德經全文僅五千餘字，日日讀誦、久久成韻，你會發現「以經解經」自釋其義、渾然天成，不但趣味橫生而且妙用無窮。

夢中與老子靜坐虛空，頓時燃起一股好奇心，念頭方啟，他老人家便打破沉寂：「有話就說出來吧」。我略帶驚訝神情羞澀而言：《易經》八八 64 之掛數，其數不足九九 81 之極數，而《道德經》之卷數恰如其數，雖古卷並無章數之說，乃後世之分，不論虛實如何？《道德經》通行讀本，八十一卷玄妙之數已成定局。《易經》被稱為無字天書，一畫開天、八卦成象，乃古代學子必讀之典籍，根據史書記載，孔子讀《易》而作《十翼》，我是否也可以把《道德經》解讀是你老人家讀《易》而宏觀天下之作？

他老人家沉默許久，對曰：我賜你一個道號「牛玄子」。

卷八

上善若水
水善利萬物而不爭
處眾人之所惡，故幾於道
居善地，心善淵，與善仁
言善信，政善治，事善能，動善時
夫唯不爭，故無尤

上善若水，水善利萬物而不爭

「水」具有一種形而上的善行，天下萬物必須依賴著水才能生存，但是水卻從不爭取任何回報。

處眾人之所惡，故幾於道

當人們用「水」來盥洗身體以及洗滌各種汙穢，原本清淨水質瞬間變成汙濁不堪，「水」依舊毫無怨言，所以「水」這種上善美德，可以說是最接近「天地無私」之道。

居善地，心善淵，與善仁

居住在一個純樸善良的地方，經過長期耳濡目染，人們善良心性會自然流露，人與之間相處融洽，彼此仁愛對待而不起紛爭。

言善信，政善治

與人和善交流講求誠信，說話務實而不浮誇；百姓奉公守法，
政令推行自然能夠朝著良善方向發展。

事善能，動善時

社會安和樂利，百工行業都能發揮良好的才能；農夫能配合
季節適時勞動耕作良田，五穀自然豐收。

夫唯不爭，故無尤

若世人都能具備這種觀念，人與人之間和平相處，就不會發
生衝突與戰爭，這就是人性「大公無私」的一種上善美德。

聖經《創世紀》首章第 1 節開宗明義：「上帝的靈，在水面上運行」。

基督教有「受洗」（英語：Baptized）儀式，又稱「洗禮、浸禮、聖洗聖事、施洗和受浸」，部分基督教宗派將「洗禮」列為一種聖事、聖禮，通過祝聖過的聖水倒在、撒向受洗者頭上或把受浸者放進水中，然後扶起來，以表示其本性得到了聖靈的「清潔」。

印度作為「四大文明」古國之一，印度的文明源遠流長，它曾經創造了人類歷史上著名的《恆河文明》，印度境內的恆河流域，豐沛的恆河水灌溉著兩岸土地，哺育著生生世世生活在這片土地上的百姓，無論是舟楫之便還是灌溉之利，都構成了印度人思想中最美的圖騰。

所以《恆河》是印度百姓心中的「聖河」，每一位印度人都有一個《恆河夢》，夢想著有朝一日能夠沐浴於「聖河」之內，以聖潔的河水洗滌自己身體的罪業。

佛教則有「灑淨」儀式，通常在法會佛事啟建之前舉行，後來延伸擴及建築動土、喬遷或開張之前，也會舉行灑淨儀式，每一次「灑淨」除了法事儀軌之界定，主要是藉此提醒學佛之人要修清淨心，此乃「灑淨」精神意義之所在。

提到《水》就不得不聯想到「新加坡」，新加坡是一個水資源極度匱乏的國家，40% 的用水都是從馬來西亞進口，卻能仰賴雨水、再生水與海水淡化等先進技術，解決 60% 的自主用水量，並且計畫於 2060 年完成水資源獨立自主的目標，他們善用《水》的玄妙智慧，值得歌頌與讚美。

《管子‧水地第 39》曰：「是以聖人之化世也，其解在《水》，故水一則人心正，水清則民心易，一則欲不汙，民心易則行無邪；是以聖人之治於世也，不人告也，不戶說也，其樞在水」。

因此聖人想改造世俗風氣，就要了解如何掌握水的特質，水若純潔如一則人心持正，水若清澈無染則民心易改。人心持正就沒有污濁的欲望，民心易改就沒有邪惡的行為。所以，聖人對於社會風俗的整治，不用去告誡每個人，不必去戶戶勸說，其關鍵在於效法水的美德。

引用《維基百科》內文：早在古希臘時代，西方醫學之父希波克拉提斯（Hippocrates）就使用溫泉水做治療，此外古代中國、日本亦有溫泉水療法的記載。直到 18 世紀－19 世紀，德國水療之父瑟巴斯堤安‧克奈浦（Sebastian Kneipp）等人發表，將水療做為正式醫療用途，今日水療常用來治療肌肉、骨骼等方面的疾病，而坊間流行的「SPA」亦為水療的一種。

台灣政壇有句諺語：「民意如流水，東漂西流無常軌；民意如月亮，初一十五不一樣」。

卷九

持而盈之，不如其已
揣而銳之，不可長保
金玉滿堂，莫之能守
富貴而驕，自遺其咎
功成、名遂、身退，天之道

持而盈之，不如其已；揣而銳之，不可長保

那些在名利上已經有了收穫，卻還貪婪追求滿足的人，不如適可而止；歷經搥打的銳利鐵器，經常使用一定會耗損本體，不可能長久保持原本銳利的狀態。

金玉滿堂，莫之能守；富貴而驕，自遺其咎

金碧輝煌的宮殿，堆滿了朝貢的稀世珍寶，如此江山都沒能守得住；仗勢財富權貴而不知節制，容易讓人產生驕傲之氣，這是埋下日後自取其辱的禍根。

功成、名遂、身退，天之道

一旦功業有成、名聲順遂，選擇身先士卒、急流勇退，這才是順呼天意的長久之道。

自古以來，為了功名多少英雄好漢馳騁沙場，拋頭顱、灑熱血；戰國時期的吳起為了成就功名而「殺妻求將」，可見功名對人性私欲的誘惑有多大！當你「功成名就」之後，又有多少人能急流勇退？多數「功高震主」之人其下場都不得善終。

「功高震主」的典故出自於《史記‧淮陰侯列傳》：「臣聞勇略震主者身危，而功蓋天下者不賞」；一旦臣子功勞太大威脅到君王威信，很容易引起君王忌憚和猜忌，歷史上因此被殺的功臣比比皆是，比如秦昭襄王逼殺白起、呂后誘殺韓信等等。

秦朝名將白起，熟知兵法、善於用兵，輔佐秦昭王屢立戰功，征戰沙場 30 餘年未嘗一敗，一生殺敵百萬，「長平之戰」用計坑殺 40 萬趙國降兵，有「戰國殺神」之封號，他替秦朝統一大業立下汗馬功勞，亦因功高震主，晚年卻恃才高傲不滿秦王決策、屢次違抗奉命，導致接連貶官降職，最後秦王賜劍命其自刎，而結束輝煌的一生。

淮陰侯韓信幫劉邦打下了整個江山，按理說應該榮華富貴享用不盡了，卻因功高氣傲、不知收斂而引來滅族之禍，遭罪「誅殺三族」；誅殺三族即父族、母族、妻族，是秦朝所制定的律法，這是專制帝王徹底消除叛逆隱患的一種殘忍手段，謂之「斬草除根」。

歷史上被奉為兵家鼻祖的「孫武」在幫助吳國奠定了霸主地位後，悄然隱退不留痕跡；「范蠡、文種」二人輔佐越王勾踐復國，立下赫赫功勞，范蠡選擇功成名就之後急流勇退，享有「三遷榮名」之美譽，而文種不聽從范蠡勸告，繼續留在朝中顯威，最終功高震主遭越王句踐賜死；「張良」乃漢朝開國元勳之一，與蕭何、韓信同為漢初三傑，張良瞭解劉邦個性，為避免功高震主，毅然退居幕後不過問朝政，不但安然躲過劉邦清算功臣之禍，還得到尊貴禮遇。

清朝重臣曾國藩有句名言：「盛時常作衰時想，上場當念下場時」，他認為榮耀背後必然潛藏著危機，鋒芒太盛終難保長久，富貴驕奢會自取滅亡，所以做人做事，在心態上要「知足常樂、適可而止」，這才是人生哲學的智慧美德。

卷十

載營魄抱一，能無離乎
專氣致柔，能嬰兒乎，滌除玄覽，能無疵乎
愛國治民，能無爲乎，天門開闔，能爲雌乎
明白四達，能無知乎
生之畜之，生而不有，爲而不恃
長而不宰，是謂玄德

載營魄抱一，能無離乎

每一位繼位君王，都承載著百姓寄託和先賢教誨，若能「大公無私」貫徹如一，民心自然就能鞏固不會離散。

專氣致柔，能嬰兒乎；滌除玄覽，能無疵乎

制定「律法」選擇愛民如子的柔性政策，百姓自然就能像嬰兒般容易呵護安撫；政策如何抉擇，可以閱覽歷代君王的功過事蹟作為借鏡，洗滌邪念、去除弊端，施政就能避免出現嚴重瑕疵。

愛國治民，能無為乎；天門開闔，能為雌乎

本著愛民之心治理國家，每一位君王都能展現「大公無私」的作為；大國對待鄰近小國，要展現仁者風範不要去侵犯併吞，自然就能凝聚向心力，孕育成為生命共同體。

明白四達，能無知乎

執政者有這些施政美德，名聲自然會傳遍天下，百姓就能知道「大公無私」的普世價值。

生之畜之，生而不有，爲而不恃，長而不宰，是謂玄德

君王施政有了正道思維，就要畜養心性、循序漸進的去落實；若因私欲而產生邪念，就要滌除玄覽斷除念頭，施政就不會有瑕疵；君王必須「以身作則」做為臣民學習榜樣，不可自恃高高在上而放縱行為；當良善風氣逐漸成長茁壯，更要潔身自愛不可半途而廢，君王能善用這些玄妙智慧施行德政，稱之為「玄德」。

周朝是中國歷史上第三個朝代，周朝由周武王姬發創建，分為
兩個時期，起初定都鎬京稱之「西周」，後來遷都到東邊洛邑
稱之「東周」，東周又分為「春秋」和「戰國」兩個時期，周
王朝前後一共傳位國君 32 代 37 王，享國 800 餘年，是中國歷
史上最長的朝代。

周朝最高統治者是「天子」，天子把族人和功臣分封到各地，
建立諸侯國，諸侯聽命於天子，定期納貢、朝賀，西周制定許
多規矩禮法、等級森嚴，舉凡食衣住行都有嚴格法制不得踰
矩，而且只有貴族子弟才能接受教育、做官、當兵。

周朝是古代奴隸制度社會的鼎盛王朝，天子以下等級分為諸
侯、卿大夫、士、平民、奴隸，並且實施「國、野」區分統治，
周朝城邑一般有兩層城牆，由內而外分別為城、郭，住在城郭
內的居民稱之「國人」，生活在城郭外圍廣大土地的居民稱之
「野人」。

公元前 841 年，西周第 10 位君主「周厲王」貪婪橫行，把平民百姓賴以謀生的諸多行業，改歸王室所有，造成民生困苦、民怨沸騰；厲王不但不聽勸諫，還變本加厲採用「竊聽」手段來對付人民，他派巫人在都城鎬京川流不息的大街小巷，竊聽人們談話，凡經巫人指認為反叛或誹謗的人，即行下獄處決。

一時之間，都城鎬京再也聽不到批評厲王的聲音，因為後來人們索性連話都不說，親戚朋友在路上碰面了，也只敢用眼睛示意，來表達對厲王的不滿，這就是「道路以目」這句成語的典故。

三年後，城郭內的平民百姓最終不堪忍受，自組起來聯合攻入王宮，把暴君趕跑並且放逐到一個窮鄉僻壤的地方，這個事件史稱「國人暴動」；周厲王出逃後，由二位德高望重的貴族大臣代行國政謂之「共和行政」，此後，中國歷史開始有了明確的紀年。

《韓非子‧解老》曰：「有道之君，外無怨仇於鄰敵，而內有德澤於人民；人君無道，則內暴虐其民而外侵欺其鄰國」。

卷十一

三十輻共一轂，當其無，有車之用
埏埴以爲器，當其無，有器之用
鑿戶牖以爲室，當其無，有室之用
故有之以爲利，無之以爲用

三十輻共一轂_{ㄍㄨˇ}，當其無，有車之用

用三十根木條圍輻而成的車輪以及貫穿車輪軸心所使用的圓木，是木材犧牲主體而成就了車輪的誕生，才讓人們有便捷的乘載馬車可以運用。

埏_{ㄕㄢ} 埴_{ㄓˊ} 以爲器，當其無，有器之用

黏土歷經不斷搓揉捶打，塑形燒製而成的器皿，是黏土犧牲主體成就了器皿的誕生，才讓人們有盛物的陶瓷器皿可以使用。

鑿戶牖_{一ㄡˇ} 以爲室，當其無，有室之用

在黃土高原上，開鑿有門窗所形成的室內窯洞，是黃土高原犧牲主體成就了窯洞的誕生，才讓人們有安全的室內空間可以居住。

故有之以爲利，無之以爲用

因此，從這些現象我們就可以清楚明白，舉凡有利於人類生活所需的各種發明，其實背後都存在某些有形物質「無私奉獻」所產生的利他作用。

《管子‧形勢解第六十四》曰：「奚仲之為車器也，方圜曲直皆中規矩鉤繩，故機旋相得，用之牢利，成器堅固」。根據史書記載「奚仲」在大禹時期，因為發明了「車」而立下大功，所以被大禹分封在薛地，並授予官職「車服大夫」。《滕縣誌》曰：「當夏禹之時封為薛，為禹掌車服大夫，奚仲生吉光，吉光是始以木為車，以木為車蓋仍纘車正舊職，故後人亦稱奚仲造車」。

據傳在炎帝神農氏上古時代，原始先民無意間發現被焙燒的土壤會變得堅硬，由此得到靈感而發明了陶器。《周書》記載：「神農耕而作陶」，制陶是一門專業技術，從選用粘土、到手捏成型、然後入窯火燒而製成，中國最早的陶器出現於新石器時代早期，大約在距今一萬五千年左右，考古學家從古代陶瓷器物中，可以解開許多古代生活文化痕跡的發展脈絡。

窯洞，也稱窰洞，是中國北方黃土高原上極具特色的穴居建築，窯洞穴居最大的特點就是冬暖夏涼，考古研究學者認為，窯洞是由原始穴居的橫穴發展演變而來，古代先民利用高原特殊地形，直接在黃土形成的崖壁上鑿洞形成室洞穴居，寧夏回族自治區海原縣菜園遺址（林子梁遺址）有 8 座窯洞式房址已有四千多年歷史。

世界頂尖大發明家《尼古拉‧特斯拉》:「思想」在孤身一
人不被干擾的獨處時,會變的更加敏銳、更加活躍,外界
對我們的干擾,會使創造性思維變的殘缺不全,而「孤獨」
就是發明的秘訣,當你心生孤獨的時候,就是想法萌芽的
時候。

在夢中,老子問曰:「你孤獨了嗎」?

卷 十二

五色令人目盲
五音令人耳聾
五味令人口爽
馳騁田獵，令人心發狂
難得之貨，令人行妨
是以聖人爲腹不爲目
故去彼取此

五色令人目盲、五音令人耳聾、五味令人口爽

重視服飾衣物五色搭配的美感，卻看不見百姓生活的困苦；
聆聽古樂演奏五音優美的旋律，卻聽不到百姓吶喊的心聲；
講究食物烹飪五味變化的佳餚，卻說不出安定天下的承諾。

馳騁田獵，令人心發狂；難得之貨，令人行妨

在空曠田野中騎馬獵物競技，容易讓人的心性越發張狂；
在物欲嗜好上熱衷稀世珍寶，容易讓人的行為偏離正道。

是以聖人爲腹不爲目，故去彼取此

因此聖人注重內在的品德修養，而不追求外在的奢華享受；
所以執政者，要懂得遠離私欲的誘惑而效法聖人的美德。

本卷描述的這些生活奢華習氣，在老子所處的世代中，只有天子、諸侯以及王公貴族才會出現的放蕩行徑，所謂「上樑不正，下樑歪」，歸咎於周天子的無德無能，導致各國諸侯紛爭亂世、征戰不休，百姓流離失所、壯丁戰死沙場，良田荒廢、糧食短缺，天下百姓哀鴻遍野。

中國古代以「青、赤、白、黑、黃」五種顏色為正色，衣冠服飾歷史上可追溯至三皇五帝時代，大約在夏商時期「服飾制度」初見端倪，服飾形式「上著衣、下穿裳」，後世稱服裝為「衣裳」，便是源自於此；服飾到了周代漸趨完善，並將「章服制度」納入禮治範圍，當時穿著服飾依據身份、地位而有所不同，包含衣料、底色和花紋等，都有嚴格規範，一般平民百姓只能穿麻布或葛布所編織而成的服飾。

古代五度音律分別為宮、商、角、徵、羽，《韶樂》有中華第一樂章之美譽，史稱「舜樂」，為上古舜帝之樂，是一種集詩、樂、舞為一體的古典宮廷娛樂。夏、商、周三代帝王均把《韶樂》當作大典宮樂，周武王滅商定天下，論功封賞姜太公於營丘建齊國，《韶樂》因此傳入齊國，故而公元前 517 年，魯昭公二十五年孔子入齊，在齊國重臣高昭子家中欣賞《韶樂》後，由衷讚嘆曰：「聞韶音，學之，三月不知肉味」。

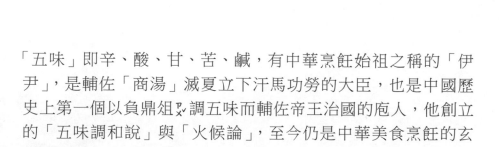

「五味」即辛、酸、甘、苦、鹹，有中華烹飪始祖之稱的「伊尹」，是輔佐「商湯」滅夏立下汗馬功勞的大臣，也是中國歷史上第一個以負鼎俎調五味而輔佐帝王治國的庖人，他創立的「五味調和說」與「火候論」，至今仍是中華美食烹飪的玄妙訣竅。

《左傳》記載：「春蒐、夏苗、秋獮、冬狩，皆於農隙以講事也」。「春蒐」是指捕殺沒有懷胎的禽獸；「夏苗」是指獵取殘害莊稼的禽獸；「秋獮」是指獵捕傷害家禽的野獸；「冬狩」獵殺猛獸是為了平衡生態。古代四時狩獵，其立意良善，由君王帶領群臣為田除害，故而稱之「田獵」，後來田獵從祭祀活動演變成一項帶有軍事意義的性質，主要目的是訓練各種武器使用和馬車的駕控。

河上公注：「難得之貨謂金銀珠玉」。回顧先秦歷史，不難發現奇貨何止於斯？例如暴君夏桀因寵妃妹喜而亡國、商紂王因寵愛妲己妖媚而亡國，周幽王為了博得愛妃褒姒一笑，而鬧出一齣「烽火戲諸侯」的荒誕行徑，導致西周滅亡。

《韓非子・解老》曰：「禍莫大於可欲，是以聖人不引五色，不淫於聲樂，明君賤玩好而去淫麗」。

 卷十三

寵辱若驚，貴大患若身
何謂寵辱若驚
寵爲上，辱爲下
得之若驚，失之若驚，是謂寵辱若驚
何謂貴大患若身
吾所以有大患者，爲吾有身
及吾無身，吾有何患
故貴以身爲天下者，可寄天下

寵辱若驚、貴大患若身

「寵辱若驚、貴大患若身」，這是一種伴隨私欲而來的思想隱患。

何謂寵辱若驚？寵爲上，辱爲下，得之若驚，失之若驚
是謂寵辱若驚

甚麼是「寵辱若驚」？人們在思想上，很容易寵信自己放縱私欲，若欲望落空了，心裡就會有失敗的恥辱感；當欲望得到了滿足，你就會感到驚喜不已；當欲望失去了寄託，你就會感到驚嚇恐懼，這種得失心態，就是所謂的「寵辱若驚」。

何謂貴大患若身？吾所以有大患者，爲吾有身
及吾無身，吾有何患

甚麼是「貴大患若身」？人們會有得失的大患，就是因為過度偏重於「追逐名利」的虛榮心，若人們沒有抱持「得失心態」，自然就不會有「寵辱若驚」這種心病的大隱患。

故貴以身爲天下者，可寄天下，愛以身爲天下者，可託天下

所以，懂得重視天下百姓生活福祉的人，自然可以贏得天下民心的寄望；懂得愛護天下百姓生存安危的人，自然可以把安定天下的重責大任託付給他。

本卷經文所言之內容，比較貼近君臣之間的官場文化，若不遇明主，你成也不是，不成也不是，所謂「伴君如伴虎」，時時刻刻都要小心戒備，稍一不慎，隨時都會有禍事臨身；在職場上，主管與下屬之間的關係，何嘗不是如此？至權與名利之爭，始終是人性的最大弱點。

分享一段生活智慧語錄：「生活原本沒有煩惱，當欲望之火被點燃後，煩惱就來敲你的心門了；生活原本沒有痛苦，當你開始計較得失，貪求更多時，痛苦便來纏身了」。

《素問・上古天真論》曰：「夫上古聖人之教下也，皆謂之虛邪賊風，避之有時，恬淡虛無，真氣從之，精神內守，病安從來」？

引用《中醫道》之註解：上古聖人教誨下面的人，都說虛邪賊風容易使人生病，隨著氣候時節的變化要有不同的應變之道，情志恬淡而慾望虛無，體內真元之氣自然順適相從，精神得以飽滿內守而不外散，疾病哪裡還會發生呢？

《黃帝內經・靈樞》曰：「真氣者、所受於天，與穀氣並行而充身者也」。明朝一代名醫張景嶽謂：「真氣，即元氣也」，元氣是人身的根本之氣，是人體生命活動的原動力，是維持生命活動的最基本物質，所以元氣的盛衰與體質的強弱、疾病的發生都有密切的關係。

《卡爾·瓦倫達》是美國著名的高空鋼索行走表演者，他的高空表演可以說是一項「死亡演出」，因為他從不採用任何保護措施，每次驚險演出都能贏得無數觀眾的掌聲與驚嘆；他多次高空鋼索行走表演，不斷刷新人類極限挑戰的紀錄，為了給自己人生旅途中留下一個具有歷史意義的紀念，他決定在波多黎各兩座 20 層樓高的大廈之間，表演人生最後一場高空走鋼絲，此時他已高齡 73 歲，1978 年 3 月 22 日瓦倫達在萬眾矚目之下表演走鋼索，就在這樣一個具有重要意義的場合，他發揮失常、表演失敗，當場高空墜地不幸身亡。

瓦倫達生前曾提及自己在走鋼索時，只在乎跨出的每一步而不去思索是否會出意外，而死前於波多黎各表演時，則反常地向旁人不斷強調此次高空演出絕對不能失敗，充分顯露「得失心態」的嚴重程度；事後心理學界以不把精神耗費在擔心出現錯誤上，來達到目標的心態稱為「瓦倫達效應」（Karl Wallenda Effect）。

《明代哲學家·王陽明》：「人生慌亂不堪的根源，在於得失心太重」。

卷 十四

視之不見名曰夷
聽之不聞名曰希
搏之不得名曰微
此三者不可致詰，故混而為一
其上不皦，其下不昧，繩繩兮不可名
復歸於無物，是謂無狀之狀
無物之象，是謂惚恍
迎之不見其首，隨之不見其後
執古之道，以御今之有
能知古始，是謂道紀

視之不見名曰夷，聽之不聞名曰希，搏之不得名曰微

有道者，讓人看不見他有奢侈浮華的生活陋習，這種德行稱之為「夷」；有道者，讓人聽不到他有言行不一的虛假言論，這種德行稱之為「希」；有道者，讓人抓不著他有徇私舞弊的起心動念，這種德行稱之為「微」。

此三者不可致詰，故混而爲一

「夷、希、微」這三種德行相互串聯，無法拆開去追究探討比較高低，所以有道者，必須同時具備這三種德行於一身。

其上不皦ㄐㄠˇ，其下不昧，繩繩兮不可名

一個人在思想上若能做到不彰顯私欲，他的德行就不會顯得隱晦不明，我們衡量一個人的德行標準，如同用來丈量長度的準繩，必須具備其公正性，不可自行定義、自圓其說。

復歸於無物，是謂無狀之狀，無象之象，是謂惚恍

人性美德是一種抽象無形、無約束力的精神指標，這種精神指標並不侷限於某一種狀態、也不侷限於某一種現象，可以用「恍惚」一詞來形容「它」。

迎之不見其首，隨之不見其後

卽使有心想要去迎接「它」，你也看不見「它」何時會出現？卽使專注跟隨「它」，你也看不見「它」何時會消失？

執古之道，以御今之有

人們可以效法古人返璞歸眞的生活之道，才能駕馭心性，不被當今名利私欲橫行的價値觀所左右。

能知古始，是謂道紀

能知道自古以來，人性開始敗壞的癥結所在，當以此爲戒，這種用來維持思想不偏離正道的準繩與綱紀，稱之爲「道紀」。

本卷經文重點，是在闡述有道者應該具備哪些基本德行？如何分辨虛實真偽？以及如何成就自我的人性美德。

「佛教」自印度傳入中國，是一劃時代的歷史事件，經歷了中國文化一千多年演化洗禮，佛教由外來文化逐漸演變成為中華文化不可或缺的一部分，形成了特有的中國佛教體系，並成為東南亞及近代世界佛教文化源頭。

而隨著時代持續發展演化，大德代出、分道揚鑣、各樹門庭，佛教寺廟大小道場猶如雨後春筍般遍地開花、爭奇鬥艷、無處不有，佛性與人性交織而成的「人間佛教」，也逐漸出現敗壞亂象，諸多引起社會輿論爭議的佛門醜聞，時有耳聞。

近代佛教高僧大德《印順法師》不忍見叢林清規，蒙受「邪知邪見」歪風肆意橫生，於是正本清源提出了「原始佛教」正道觀的思想指標，以助佛子與廣大信徒「明辨真理、善知良莠」，一時之間「正知正見」成了所有道場法師標榜自清的口頭禪。

《孟子·公孫醜下》:「得道者多助,失道者寡助」。孟子出身於魯國貴族,他的祖先即是魯國晚期顯赫一時的孟孫,孟子出生時,家族已趨沒落,春秋晚期的大混亂,使其家族漸趨門庭式微,孟子被迫從魯遷往鄒,過著流民般的生活,幼年時與母親必須賃屋而居,於是有了眾所周知「孟母三遷、一怒斷機」的典故。

孟子從 40 歲開始,除了收徒講學之外,也不斷奔走于各諸侯國之間,宣傳自己的思想學說和政治主張,他繼承了孔子的「仁學」思想,提倡「以民為本、民為貴、社稷次之、君為輕」的治國理念,反對兼併戰爭,他認為戰爭太殘酷了,他主張「仁政」學說,其理論基礎即是「性善論」,孟子說:「惻隱之心,人皆有之」,認為「善性」是人類所獨有的一種本性,也是分辨人和動物的一個根本標誌。

《管子·形勢解》:「古者三王五伯,皆人主之利天下者也,故身貴顯而子孫被其澤;桀、紂、幽、厲,皆人主之害天下者也,故身困傷而子孫蒙其禍,故曰疑今者察之古,不知來者視之往」。

《天主教教宗·方濟各》2016 年 1 月 19 日清晨在「聖瑪爾大之家」舉行彌撒時,以舊約聖經中達味王的故事,延伸引用到《天主教聖人·聖奧斯定》的名言:「聖人都有過去、罪人也有未來」,教宗語重心長的表示,在聖人的生活中也存在誘惑和犯罪,因此他勉勵在場聖潔的信徒要自律自省,活出基督徒應該要有的生命色彩。

古之善爲道者，微妙玄通，深不可識
夫唯不可識，故強爲之容
豫兮若冬涉川
猶兮若畏四鄰
儼兮其若客
渙兮其若冰釋
敦兮其若樸
曠兮其若谷
渾兮其若濁
孰能濁以止，靜之徐清
孰能安以久，動之徐生
保此道者不欲盈
夫唯不盈，故能蔽而新成

古之善爲道者，微妙玄通，深不可識，夫唯不可識，故強爲之容

古代那些擇「善」行道之人，他們身處不同世代與環境，生活價值觀卻有微妙玄通之處。這種內在深藏的生活智慧，人們一時無法用肉眼去識別察覺，正因為無法輕易識別察覺，所以只能勉強形容一下他們為人處世的七種德行樣貌。

豫兮若冬涉川，猶兮若畏四鄰，儼兮其若客

他們自律謹慎小心，就像冬天在冰川上行走；
他們處事默默付出，就像畏懼驚擾街坊四鄰；
他們待人儼然莊重，就像賓客懂得尊敬主人。

渙兮其若冰釋，敦兮其若樸，曠兮其若谷，渾兮其若濁

他們思想冷靜澄明，就像冰水溶釋冷冽清澈；
他們生性敦厚樸素，就像璞石尚未雕琢成玉；
他們心胸豁達無礙，就像山谷展現寬大包容；
他們低調渾然天成，就像混濁河水中的磐石。

孰能濁以止，靜之徐清，孰能安以久，動之徐生

誰能在混濁的世俗價值觀中，淡泊名利沉澱私欲，就能慢慢
看清人性的美德；誰能安定心性善用玄通智慧，鍥而不捨持
之以恆，就能慢慢衍生出微妙德行。

保此道者不欲盈，夫唯不盈，故能蔽而新成

人們能保持這七種生活價值觀，就不會再盲目追求名利私欲
的滿足。如此不間斷地克服私欲的誘惑，自然能蔽除陋習而
開創出新的人生。

本經文是延續上卷「執古之道」為主軸，細說古之善為道者，微妙玄通的七種行為美德。

先秦時期七德有文武之說，例如《國語‧周語中》：「王曰利，何如而內，何如而外？對曰尊貴、明賢、庸勳、長老、愛親、禮新、親舊」，古人謂之此乃七種文德也；《左傳‧宣公十二年》：「夫武，禁暴、戢兵、保大、定功、安民、和眾、豐財者也」，古人謂之此乃七種武德也；本卷老子所言：「豫兮、猶兮、儼兮、渙兮、敦兮、曠兮、渾兮」，此乃生活七種美德也。

引用《維基百科》內文：在天主教裡，七美德是指七種高尚的德行，即是「謙卑、寬容、忍耐、勤勉、慷慨、節制、貞潔」，而在聖經中，七種美德分別對應七位天使，祂們是天神與人溝通的使者，在《啟示錄》中記載著上帝的身邊有七位御前天使。《加拉太書 5:16-17》：「我說，你們當順著聖靈而行，就不放縱肉體的情慾了，因為情慾和聖靈相爭，聖靈和情慾相爭，這兩個是彼此相敵，使你們不能做所願意做的」。

基督教認為，美德不是個人行為的果實，而是聖靈在人心裡作工而結出來的果子。因此，基督教主張人應當先信靠上帝，然後美德就會自然而然慢慢地結出來。《百度百科》則載記：人性四種基本美德「謹慎、正義、堅韌和節制」和神學三美德「信仰、希望和慈善」合稱為七德行。

希臘哲學大師·柏拉圖：「在這個紛擾的世俗世界中，能夠學會用一顆平常心去對待周圍的一切，也是一種境界」。

柏拉圖（公元前 429 年－前 347 年）是著名的古希臘哲學家，雅典人，他的著作大多以對話形式紀錄，並創辦了西方最早的著名學院；柏拉圖是蘇格拉底的學生，是亞裡斯多德的老師，他們三人被廣泛認為是西方哲學的奠基者，史稱「西方三聖」或「希臘三哲」。

遠比「西方三聖」早約百餘年，東方同時期誕生了三位不平凡人物，他們就是老子、孔子與釋迦牟尼佛，孔子倡導「儒學」提倡教育改革，打破封建社會貴族獨享教育的專制特權，開創私人講學之風，而老子主張「無為」與釋迦牟尼佛弘揚「空性」的概念，對於啟發人性思維的正道觀，有著殊途同歸的玄妙意境，他們三人堪稱「東方三聖」。

卷十六

致虛極，守靜篤，萬物並作
吾以觀其復，夫物芸芸，各歸其根
歸根曰靜，靜曰復命
復命曰常，知常曰明，不知常妄作凶
知常容，容乃公，公乃王，王乃天，天乃道
道乃久，沒身不殆

致虛極，守靜篤，萬物並作

當一個人能將「私欲」虛空到極致境界，心性就會進入一種
「寂靜無我」狀態而且篤定不移，你就能清澈澄明、了悟萬物
並行運作的玄妙生機。

吾以觀其復，夫物芸芸，各歸其根，歸根曰靜，靜曰復命

我不斷反覆觀察，發現芸芸物種，不分種類最終都要各自歸
根本源，為族群生存繁衍貢獻一己之力，人類也不例外，這
一種「寂靜無我」的歸根歷程，也是生命物種得以延續復甦
的自然規律。

復命曰常，知常曰明，不知常妄作凶

復甦的新生命又展開屬於他自己的生命歷程，這是生命常態
循環的自然規律；知道尊重生命的常態價值，就能明白人性
存在的意義；不知道尊重生命的常態價值而肆意妄為，這是
泯滅人性的一種凶兆。

知常容，容乃公，公乃王

知道生命常態循環的自然規律，人類就應該彼此包容而不是互相殘殺，能做到包容異己就是「大公無私」的行為準則，只有奉行「大公無私」才是王者德行的風範。

王乃天，天乃道，道乃久，沒身不殆

「王者」象徵統治天下之權力源自上天，而上天有好生之德，因此「奉天行道」才是天人合一的王道精神；只有發揮「王道精神」，人類天性的美德才能夠長久傳承下去，而不會隨著有形生命的寂滅而消失。

《春秋》等儒家經典思想，主張君主應以王道統治人民，所謂王道，簡要而言之，就是依循「正義」與「仁愛」行政，與之相反則是霸道，即是採取武力與權力壓制民眾、統治人民。

《太史公自序》：「夫《春秋》，上明三王之道，下辨人事之紀，別嫌疑、明是非、定猶豫、善善惡惡、賢賢賤不肖，存亡國繼絕世，補弊起廢，王道之大者也」。

引用《漢語網》之註解：《春秋》，從上而言，闡明了夏禹、商湯、周文王的政治原則；從下而言，辨明了為人處事的綱紀，分清了疑惑難明的事物，判明了是非的界限，使猶豫不決的人拿定了主意，褒善貶惡，崇敬賢能之士，排抑不肖之士，保存已經滅亡國家的德政，延續已經斷絕世系的祖德，補救政治上的弊端，興起已經荒廢的事業，這些都是王道的重大內容。

當代詩人余光中：「下次你路過，人間已無我；死亡不是失去生命，只是走出了時間；唯勇者始敢單獨面對自己，唯智者才能與自己為伴」。

耶魯大學考古暨人類學博士・泰德薩:「人類的深層生物基礎,
正是我們的現代文明和創造力的最終根源所在」。

引用《百度百科》論述:「物競天擇」是達爾文進化論的核心,
「物競天擇、適者生存」,在人類演化的過程中,到底什麼是天
擇?是否意味著下一代會比上一代有更好的生存能力?生物到
底是互相競爭排擠?或是可以互助共存?人類世界是否永遠都
是強者的戰場?「愛」是否代表弱者的表現?在生物遺傳的特
徵中,生存競爭會出現某種優勢或某種劣勢,這種能力上所產
生的差異,使得某些特徵被保存或是淘汰,「自然選擇」成了
演化的主要機制,經過「自然選擇」而能夠成功生存者,稱之
為「適者生存」。

中國古代人的壽命普遍較低於現代人,唐代詩人杜甫有句詩
詞:「人生七十古來稀」,意思是說能夠活到七十歲,是非常稀
奇的事情,因此,古代帝王都崇尚長生不老之術,為此勞民傷
財在所不惜,清朝乾隆皇帝七十歲時作御制詩,稱自己為「古
稀」,並刻了一方「古稀老人」的印章,導致當時天下年邁之
人怕與其尊號相沖,都沒人敢褻瀆自稱是「古稀老人」。

此時，偏偏有個人不信這個邪，他就是位居大理寺卿的尹嘉銓，字亨山，號古稀老人，是當時頗有名望的道學家，大理寺卿位列「三公九卿」之列，是清朝主管司法的正三品大官，他給乾隆皇帝寫了兩份奏摺，一則是說希望皇上能夠賜予自己過世的父親一個謚號，二則是描述了自己「年老古稀」請求從祀文廟的待遇。

在奏摺送出去之後，尹嘉銓還沾沾自喜，他認為乾隆皇帝非常重視孝道，看到奏摺就知道他是一個大孝子，一定會博得嘉賞而出盡風頭；只不過事與願違，他不但沒有盼到嘉賞，乾隆看到「年老古稀」的奏摺，反而惱羞大怒下令除去他的頂戴，鎖交刑部審訊，定為死罪，同時查抄其老家銷毀其所有著述，這一把火也燒光了尹嘉銓一生的智慧結晶，他藏書之豐非一般人所能望其項背，其著述之多也不是普通文人或官僚所能比擬的，可惜在當時是天子獨尊世代，伴君如伴虎，即使小心翼翼、忠心耿耿一輩子，稍有差池違逆聖顏，便會招來殺身大禍，尹嘉銓成為了中國歷史上，因一句「古稀老人」而惹禍上身的大臣。

卷 十七

太上不知有之
其次親之譽之，其次畏之，其次侮之
故信不足，焉有不信
猶兮其貴言，功成事遂，百姓皆謂我自然

太上，不知有之

上古三皇五帝，後世尊稱「聖人」，他們德高望重愛民如子，施政都能贏得百姓們的信賴，他們不知道後世繼位君王，會有「悖離民心」這種不可思議的昏庸心性。

其次，親之譽之，其次畏之，其次侮之

後世繼位君王，登基初期民心不穩，都會樂於親近百姓、讚譽百姓；當民心漸趨穩定了，昏庸之君，就開始動搖心性，放縱私慾荒廢朝政、甚至畏懼百姓抗爭；當民怨四起之時，暴虐之君，不但不知反省改過，反而將百姓視為刁民、採用強硬手段鎮壓欺侮。

故信不足，焉有不信

所以德行欠缺的昏庸之君，百姓跟他互信的基礎是明顯不足的；而那些倒行逆施的暴虐之君，百姓跟他幾乎沒有絲毫互信可言。

猶兮其貴言，功成事遂，百姓皆謂我自然

因此君王下令頒布政策之前，對於自己所說的每一句話，都要經過深思熟慮；若功業能守成、德政能順遂落實，百姓自然會稱讚你是一位施政有道的明君。

《禮記‧曲禮上》：「太上貴德」。東漢末年儒家學者《鄭玄》注：「太上，帝皇之世」；唐朝大儒學者《陸德明》釋文說：「太上，謂三皇五帝之世」。《左傳‧襄公二十四年》：「太上有立德，其次有立功，其次有立言」。《司馬遷‧報任安書》：「太上不辱先，其次不辱身」，不能使祖先受辱，其次是不使自身受辱。

本卷最後一句話：「百姓皆謂我自然」，其中的「我」字，不是指百姓的第一人稱，而是指君王的第一人稱，這種古今用字習慣迥然不同的語法，跟首卷的「道」字一樣，都夾雜了時空背景因素而有不同解讀思維，參考古籍自然能發現其中的關鍵；尤其「我」字在《管子》一書中，用語出處甚多、不勝枚舉，簡單舉例《管子‧牧民第一》：政之所興、在順民心，政之所廢、在逆民心；民惡憂勞、我佚樂之，民惡貧賤、我富貴之，民惡危墜、我存安之，民惡滅絕、我生育之。

管子說：「政令所以能推行，在於順應民心，政令所以廢弛，在於違背民心；人民厭惡憂勞，我便使他們生活安樂；人民厭惡貧賤，我便使他們豐收富貴；人民厭惡危難，我便使他們和諧安定；人民厭惡滅絕，我便使他們繁衍生息」。

《國語‧周語下》曰：「孔甲亂夏，四世而隕」。引用《百度百科》注記：「孔甲亂夏」又稱「孔甲亂政」，是指夏朝孔甲在位期間，肆意淫亂，終日沉湎於歌舞又篤信鬼神，是一位胡作非為的典型昏君，使得各部落首領紛紛叛離，加速了夏朝國勢衰落，而逐漸走向崩潰。

孔甲的父親「不降」當政五十九載，是夏朝歷史上在位時間最長的一位君王，按照夏朝世襲制，孔甲本該是繼承王位者，但不降見孔甲性情乖僻、生性好玩，對國事漠不關心，不降怕他治理不好國家，就沒有傳位給他，而是選擇內禪給其弟「扃」，扃執政了十八年，政績平平，毫無建樹。

扃死後，由他的兒子「廑」繼承了王位，扃和廑父子二人都是平庸之才，欠缺治國的膽識和氣魄，廑在位期間又逢大旱連年，田間地頭一片乾枯，黎民百姓餓死、病死不計其數。

面對旱災肆虐，眾大臣竟認為是孔甲沒繼位，違背了天意，才會惹得天帝發怒降災人間，所以廑死後，大臣們將不降的兒子孔甲扶上了王位，孔甲即位後，舉行了祈雨儀式，幾天後，果真降下了大雨，百姓們有的跪拜，有的歡呼，紛紛感念孔甲的恩澤，從此孔甲對敬拜鬼神更是深信不疑。

一次偶然機緣，孔甲在河邊發現了兩條大鱷魚，眾人從未見過、不識此物，一個侍從故作聰明地對他說：大王別害怕，此乃神物，這是天帝派遣下凡的二條大龍！孔甲信以為真、興奮極了，急忙命人生擒二龍，費了好大一番功夫才將龍帶回宮中，並傳下命令，誰能馴養此龍，定有重賞。一個大臣諂媚向他稟報，在東海之濱有個叫劉累的人，曾跟豢龍氏學過養龍術，孔甲喜出望外，命大臣火速請劉累來負責餵養伺候這兩條大鱷魚，還封他為禦龍氏，這就是「孔甲好龍」典故的由來。

先秦古籍中關於鱷魚的記錄有很多，其中描寫最詳實生動，莫過於《山海經》；四千多年前，正處於歷史上的夏朝，傳說大禹治水之後，指派大量人員調查天下地理，並且將調查結果匯總，編輯成中國第一本博物學與地理學專著，這就是《山海經》。

卷 十八

大道廢有仁義，智慧出有大偽
六親不和有孝慈，國家昏亂有忠臣

大道廢有仁義，智慧出有大偽

天下紛爭導致了大道秩序廢弛，安定的力量只有仰賴仁義之士；大國運用智慧粉飾自己的野心，百姓分不清他們虛偽的企圖心。

六親不和有孝慈、國家昏亂有忠臣

爭權奪位造成六親不和的窘境，只有孝慈的精神才能敦厚人倫；當國家處境陷入昏亂危機之際，只有寄望忠貞之臣來拯救時局。

本卷經文所提之「大道」，其道乃指天子應當履行之天職而言，老子在道德經卷中，對於「大」這個字的使用，格外謹慎小心，他對於「大」字之定義，皆觀乎天下大格局而論之。雖然東周之後天子威權式微，其地位仍是天下之共主，故而大國諸侯爭霸擅自稱「大」者，皆非賢能之輩，如卷 67 所言：「天下皆謂我道大，似不肖，夫唯大，故不肖」。

《管子‧牧民》：「上服度，則六親固」；「國有四維，一維絕則傾、二維絕則危、三維絕則覆、四維絕則滅，傾可正也，危可安也，覆可起也，滅不可復錯也」。

《詩經‧周頌》：「烈文辟公，錫茲祉福，惠我無疆，子孫保之。無封靡於爾邦，維王其崇之」。意思是說有功有德的眾諸侯們，上天賜給你們很好的祉祿福佑，賜給我的恩惠也無邊無量，要告誡後代子孫長保此福祉，各國諸侯不可在其國內製造罪孽，要一心尊崇順服周天子。

《詩經》是先秦學子必讀之書，孔子曰：「不學詩，無以言。」先王以是經夫婦、成孝敬、厚人倫、美教化、移風俗。故《詩》有六義焉：一曰「風」、二曰「賦」、三曰「比」、四曰「興」、五曰「雅」、六曰「頌」，是以一國之事，繫一人之本，謂之「風」，言天下之事，形四方之風，謂之「雅」，「雅」者正也，言王政之所由廢興也，政有小大，故有《小雅》焉、有《大雅》焉。

子曰：「詩可以興、可以觀、可以群、可以怨，邇之事父，遠之事君。」孔子說學習詩經，可以興起人們的高尚情志、提高觀察力，可以鍛鍊人與人之間的合群性，可以學得優雅諷刺的詩言，可以學習「孝順父母」之道以及「報效國家」之法。

分享《共產主義創始人・馬克思》的一段經典語錄：「一個人僅僅為自己而勞動，也許他能夠成為一位著名的學者、聰明的智者、卓越的詩人，但是他永遠也不能成為真正完善和真正偉大的人；如果我們選擇了，最能為人類福利而勞動的職業，那麼，重擔就不能把我們壓倒，因為這是為大家而獻身，屆時我們所感受到的，就不是可憐的、有限的、自私的樂趣，我們勞動的幸福將屬於千百萬人，我們的事業將默默地、發揮作用永恆存在下去，面對我們的骨灰，那些高尚的人們將灑下熱淚」。

 卷 十九

絕聖棄智，民利百倍
絕仁棄義，民復孝慈
絕巧棄利，盜賊無有——
此三者以爲文不足，故令有所屬
見素抱樸，少私寡欲，絕學無憂

絕聖棄智，民利百倍

諸侯爭霸是重武輕文，聖人的智慧都遭棄用；
百姓生活能安定，社會百工才有豐收的契機。

絕仁棄義，民復孝慈

在戰場上兩軍對戰廝殺，是沒有仁義可言的；
百姓不流離失所，親人團聚才有孝慈的機會。

絕巧棄利，盜賊無有

攻城掠地又打家劫舍，這不是巧思善利之舉；
天下恢復了秩序，偷盜賊人自然會銷聲匿跡。

此三者以爲文不足，故令有所屬

以上這三種現象，都是由於執政者「重武輕文」所造成的戰亂
危機；所以換句話說，治國要有聖人之智、治世要有仁義之
心、治人要有巧利之法。

見素抱樸，少私寡欲，絕學無憂

生活提倡樸素節儉，自然能夠國泰民安，這是聖人之智；
執政心性少私寡欲，才能避免發生紛爭，這是仁義之心；
沒有不良示範可學，治安才能高枕無憂，這是巧利之法。

本經卷文之語法，是採用「陰陽對照」之描述，而不是「前因後果」之定論，此乃老子將「易經」之學融會貫通，所體現的微妙玄機；春秋之亂象皆源自諸侯紛爭，導致百姓流離失所、社會百病叢生。

《孟子‧盡心下》曰：「春秋無義戰，彼善於此，則有之矣；徵者，上伐下也，敵國不相徵也」。引用「百聞網‧春秋無義戰」內文，意思是說，春秋時代沒有一場戰爭是合乎「公義」的；《左傳‧莊公十四年》曰：「十四年春，諸侯伐宋，齊請師於周」。所謂請師，就是齊桓公要討伐宋國，希望得到周天子賦予戰爭的權利，這就是孟子所說「敵國不相徵也」的道理，因為諸侯國之間並沒有相互征伐的權利，「徵者，上伐下也」這句話表明了，只有周天子才有權利發動戰爭，或者賜予諸侯發動戰爭的權利，未經取得天子之允許，而擅自出征者，皆屬大逆不道的僭越之舉。

春秋正是禮崩樂壞的時代，子曰：「天下有道，則禮樂征伐自天子出；天下無道，則禮樂征伐自諸侯出」。禮樂制度的崩潰，導致天下大道秩序陷入了混亂，諸侯各國不再敬畏和尊重周天子，大國為了掠奪土地、人口和財富，相繼併吞周邊小國的戰爭十分頻繁，也因此衍生了諸多的天下亂象，在整個春秋兩百多年的歷史中，出現了弒君有三十六次，亡國有五十二個。

古羅馬《歷史學家‧塔西陀》記述了《不列顛酋長‧卡塔尼庫斯》控訴羅馬暴行的一段話：在我們之外不再有別的部落，唯有波濤，峭壁以及兇惡的羅馬人，即使是效忠和馴服也免不了受其驕橫跋扈，這些全世界的強盜，在劫掠一切大陸後，現在又來到海上四處搶奪，如果敵人富足，他們就貪求財物，如果敵人貧窮，他們也要征服以獲取榮譽；無論是東方還是西方，對他們都慾壑難填，世上唯有他們對貧窮和富裕都懷有如此的貪心，他們進行搶劫、殺戮、偷盜卻美其名曰「統治」，所到之處皆化為焦土，卻稱之為「和平」。

春秋時期，大國為了併吞小國師出有名，都會給小國扣上莫須有的罪名，小國處境極度戒慎恐懼，連冶鐵製作鐵製農工具，都不敢製造使用，深怕被扣上用鐵冶煉兵器的罪名，而淪為征伐的藉口，古今中外，幾乎所有的大小戰爭都是如此模式，或許有那麼一天，地球上出現了外星人主宰的局面，不知是否能改變人類以大欺小、恃強凌弱的遊戲規則。

俄羅斯著名寓言作家‧克雷洛夫：「現實是此岸，理想是彼岸，中間隔著湍急的河流，行動則是架在河川上的橋樑」。

在夢中‧老子說：「橋梁有大有小，河川有寬有窄，此岸與彼岸的距離，需要行動來證明，那怕是一座獨木橋，懂得退讓就是一種美德」。

卷二十

唯之與阿，相去幾何
善之與惡，相去若何
人之所畏，不可不畏，荒兮其未央哉
眾人熙熙，如享太牢，如春登臺
我獨泊兮其未兆，如嬰兒之未孩
儽儽兮若無所歸
眾人皆有餘，而我獨若遺
我愚人之心也哉，沌沌兮
眾人昭昭，我獨昏昏；眾人察察，我獨悶悶
澹兮其若海，飂兮若無止
眾人皆有以，而我獨頑且鄙
我獨異於人，而貴食母

唯之與阿，相去幾何；善之與惡，相去若何

面對抉擇，不用去在乎是主動、還是被動；但是要明白善與惡的距離，相隔就在一念之間。

人之所畏，不可不畏，荒兮其未央哉

人們最畏懼發生戰爭，君主們不可不畏懼它，最好荒棄這種念頭，不要讓它在心中出現。

眾人熙熙，如享太牢，如春登臺

大國諸侯為了滿足稱霸野心，熙熙攘攘，紛紛興兵征戰併吞鄰近小國，宛如享受天子祭祀的特權、宛如春天登高眺望的愉悅心情。

我獨泊兮其未兆，如嬰兒之未孩， 儽兮儽兮若無所歸

唯獨周天子泊然無憂、置身事外，猶如虛弱尚未長大的嬰兒，可憐天下無辜難民四處逃竄，像憔悴頹喪的流浪老漢，遊走天下卻沒有人肯收留。

眾人皆有餘，而我獨若遺，我愚人之心也哉， 沌沌兮

大國諸侯僭越稱王的欲望迎刃有餘，而唯獨周天子像遭人遺棄的孤兒，只有被收養的欲望，他就是如此昏庸愚昧又渾沌無明。

眾人昭昭，我獨昏昏；眾人察察，我獨悶悶

大國諸侯雄霸一方的野心，如此昭然若揭，唯獨周天子還昏昏噩噩；大國諸侯掌握天下的局勢，那麼明察秋毫，唯獨周天子還悶悶沉沉。

澹兮其若海，飂^{ㄌㄧㄠ}兮若無止

百姓哭泣流下的眼淚，黯澹匯聚宛如大海；
戰火蔓延焚燒的強風，四處摧殘無法阻止。

眾人皆有以，而我獨頑且鄙

大國諸侯犯下了草菅人命的逆天大罪，而唯獨周天子還是頑固不化且鄙視小國。

我獨異於人，而貴食母

周天子雖然麻木不仁、昏庸無能、異於常人，但他卻很重視天下各國諸侯，有沒有定期納貢財物以及貢品優劣多寡，這是他縱容大國、鄙視小國的癥結所在。

本卷經文猶似老子代替飽受戰亂戕害的無辜百姓，對周天子以及大國諸侯，為了滿足一己之私，無故掀起戰爭以及天子見死不救的嚴厲指控。

戰爭導致天下大道秩序陷入混亂，戰火無情人性泯滅，多少家庭因此家破人亡、多少百姓因而流離失所、多少無辜性命為此戰死沙場，這些殘絕人倫的悲劇，在人類歷史上一幕幕的上演，政治人物一念之間的抉擇，所造成善與惡的距離，是那麼地遙不可及，可謂差之毫釐、失之千里。

彙整本卷文稿之際，正逢強權大國、政治強人《俄羅斯總統‧普丁》，下令揮軍攻打「烏克蘭」，此時「善之與惡相去若何」這一句話，不斷敲打著蟄伏的膽識，一時之間，我拋棄了之前解讀本卷之文本，一夜之間，控訴文言若冰釋水、清澈浮現腦海，落筆解說「澹兮其若海」，心有戚戚焉，彷彿看見書寫文字，氤化成滴滴淚水，不禁悲從中來、久久無法釋懷。

透過數位無線傳輸技術，全世界各個角落的人們都能親眼目睹，這一齣「俄烏之戰」劃時代的人間悲劇，無奈這一場戲無法 NG 重來，但願人間煉獄的「暫停鍵」能早日出現。

戰爭引發的人禍之災，導致飢餓、疾病、死亡者不計其數，從春秋時期一百多個諸侯國，到戰國時期僅餘十二個諸侯國、然後七個，最後由秦國一統天下，可想而知，當時發動戰爭多麼頻繁、多麼令人膽戰心驚。

《墨子・尚同上》：「察天下之所以治者何也？天子唯能壹同天下之義，是以天下治也」。意思是說，考察天下治理好不好的原因是什麼？是因為天子能夠統一天下人的意見，所以天下才能治理好。

墨子這一番話，點出了諸侯紛爭的關鍵死穴，猜想這也是老子擇周室入仕的真正用意，他明白只有說服當朝天子扛起「息兵罷戰」的大旗，才能終止諸侯亂世，才能拯救天下蒼生，無奈天不從人願，周天子頑固不化的程度，遠超乎老子所耳聞，可以說是病入膏肓、回天乏術了，從道德經卷中，不難感受出老子悲天憫人卻無計可施的沉鬱之情。

西周末年，周幽王為了博得愛妃褒姒一笑，點燃了烽火臺，各國諸侯親率大軍前來援助，褒姒看了果然哈哈大笑，幽王因而又多次點燃烽火戲弄諸侯，導致外族「犬戎」真正攻打都城「鎬京」時，各國諸侯看見烽火都不出兵了，是真人寫實版「狼來了」的故事。

都城鎬京因而被攻破、幽王被殺、愛妃褒姒也被搶走了；繼位的周平王被迫東遷定都「洛邑」，史稱東周，此時東周夾在大小諸侯國之間，領土與兵力規模不如以往，形同一個小國，但是周天子的地位依舊是天下共主，可以號令天下並且繼續享有各國諸侯朝貢獻禮的特權，而這個特權也成了諸侯大國「徇私賄絡」周天子的管道，點燃了「諸侯亂世」的火苗。

卷 二十一

孔德之容，惟道是從；道之爲物，惟恍惟惚
惚兮恍兮，其中有象；恍兮惚兮，其中有物
窈兮冥兮，其中有精；其精甚眞，其中有信
自今及古，其名不去，以閱衆甫
吾何以知衆甫之狀哉？以此

孔德之容，惟道是從

孔子德性的樣貌，就是致力於教育之道的改革，他開創平民
教育之先河，主張「有教無類」，提倡人人都有平等接受教育
的權利。

道之爲物，惟恍惟惚

他革新教育之道，實行「因材施教」之教育理念，依據受教
者個別不同的素質，而給予不同的教學指導，它不侷限於某
一種狀態、也不侷限於某一種現象。

惚兮恍兮，其中有象；恍兮惚兮，其中有物

有的人學習能融會貫通，有的人學習始終半知半解，這都是
很自然的一種現象；不管學習成效如何，知識教育確實可以
提升一個人對周遭事物的見解能力。

窈兮冥兮，其中有精；其精甚眞，其中有信

教育改革之道，雖然是虛無飄渺沒有實體，但它能產生微妙的精神作用；一旦精神作用有了成效，就會形成一股真實的力量，這股力量能幫助人們凝聚信心、產生信念。

自今及古，其名不去，以閱衆甫

回顧過去歷史，歷朝歷代君臣的功過事蹟，都留下了文字紀錄，無法抹去痕跡，人們透過閱讀歷史古籍典章，就能瞭解他們治國能力與德行素養的真實樣貌。

吾何以知衆甫之狀哉？以此

我何以得知天下大國諸侯，他們治國能力與德行素養的真實樣貌？憑藉的就是閱讀古籍對照今日，因為我也是一位接受過教育的讀書人。

引用北京大學著名國學大師‧樓宇烈教授的一段話：在中國傳統文化中，「文化」這個詞是跟「武化」相對應的，所謂「武化」，就是以強力或者說武力來制約、規範人的行為，用武力來讓人們服從某人的意志，服從某種行為規範；而「文化」是通過禮樂的教化，讓人們遵循做人的行為規範、社會的行為規範。

春秋時期是屬於群雄紛爭「重武、輕文」的亂世，孔子自年輕時就胸懷大志、關注天下大事，他博學多廣、滿懷政治理想，卻苦無機會施展抱負，在魯定公十四年（公元前 496年）開始帶著學生周遊列國，他此時已年屆 55 歲，由於主張「有教無類」打破貴族獨享教育的特權，一時聲名大噪、享譽天下，加上孔子講求「君臣之道」重視「禮樂制度」，故而周遊列國期間，所到之處，都備受那些僭越禮樂的諸侯貴族，嚴重排斥、冷落、甚至陷害，只有衛國君主看得起孔子，但是卻「敬而不用」，他心灰意冷之際，毅然決定終止歷經十四年的流浪歲月，70 歲時返回家鄉魯國，從事教育和整理古籍文獻的工作。

在夢中，老子他老人家用溫和的語氣問我：眾人皆將「孔」字，以「大」之意釋之，你何故不從善如流？顯然他老人家看出我解說此卷，內心陷入極度掙扎與忐忑不安，在精神恍恍惚惚的狀態下，我迷迷糊糊對曰：「德」字正辭之用語，先秦古籍所言甚多，百家思想亦著墨甚深，各疏其義、各有所本、無有定一，而在道德經卷中，如卷三十八所言：只有「上德下德」之分、無有「大德小德」之別，因此判斷「孔德」另有所屬。惟道者何？「惟」乃思維之意，歸納推論，思維之道即是教育之道，兩者可前後呼應且不悖常理，故而捨大取子。

語畢，老子他老人家安慰我說：「是法如一、無有高低」，真理不變其衷，但說無妨。

烏克蘭著名教育學家·蘇霍姆林斯基：「從我手裡經過的學生成千上萬，奇怪的是，留給我印象最深的，並不是無可挑剔的模範生，而是別具特點、與眾不同的孩子；教育者的個性、思想信念及其精神生活的財富，是一種能激發每個受教育者檢點自己、反省自己和控制自己的力量」。

卷 二十二

曲則全，枉則直
窪則盈，敝則新
少則得，多則惑
是以聖人抱一爲天下式
不自見故明，不自是故彰
不自伐故有功，不自矜故長
夫唯不爭，故天下莫能與之爭
古之所謂曲則全者，豈虛言哉
誠全而歸之

曲則全，枉則直，窪則盈，敝則新，少則得，多則惑

有人委曲，是為了成全大局；匡扶矯枉，是為了正直公義；
心胸豁達，才能夠包容異己；反省除弊，才能夠革新進步；
欲望越少，越容易自得其樂；欲望越多，越容易陷入迷惑。

是以聖人抱一為天下式

所以聖人始終抱持一種「大公無私、淡泊名利」的處世之道，
並且「以身作則」教化天下。

不自見故明；不自是故彰；不自伐故有功；不自矜故長

不固執己見，才能明辨真相；不自以為是，才能彰顯公義；
不自我標榜，才能有功於名；不驕傲自大，才能長養德行。

夫唯不爭，故天下莫能與之爭

如果你沒有與他人爭奪名利的欲望，那麼天下就沒人會跟你
發生爭奪名利的衝突。

古之所謂曲則全者，豈虛言哉，誠全而歸之

古代那些所謂委屈自己而成全大局的「聖賢之人」，他們不是
把德行掛在嘴邊，而是落實於行動；只要我們誠心全意去學
習聖人的美德，落實於行動，每一個人也都可以體現出美好
的德行。

本卷經文內容廣義而言，乃在闡述「為人處世」之道；狹義而言，泛指「明君治國」之道。

「傅說ㄩㄝ」（公元前 1335－1246 年），殷商時期卓越的政治家、軍事家，他奴隸出身地位卑微本無姓或氏，依商王武丁詔書，賜其姓「傅」，他是一位頗具傳奇色彩的傑出政治家，由奴隸之身一躍成為當朝宰相，他輔佐武丁安邦治國，成就了歷史上著名《武丁中興》的輝煌盛世，留有「知之非艱，行之惟艱」的名言，被後世尊稱為「聖人」。

武丁少年時，父王小乙便把他下放到民間，與普通百姓們一起勞作，武丁平易近人、趁機鍛煉自己，還結識了一批人才為己所用，武丁非常欣賞傅說與眾不同的才華，他們經常一起勞動，他從傅說那裡學會了不少本領，武丁即位後，他便派人四處尋找下落不明的傅說，後來封傅說為宰相。

由於武丁的前兩代商王小辛和小乙統治無方，商王朝的統治一度衰微，傅說不負所託，極盡文韜武略之才華，從整飭朝綱開始，並規勸武丁祭祀時減少貢品，以為榜樣，武丁不但虛心受教、言聽計從而且大刀闊斧，從王室開刀、整治腐敗並大力推行新政；傅說主張「對內大治，對外征伐」，在國家恢復生機、朝廷內外秩序井然之後，還積極與周邊方國修好關係，嚴懲那些敢於進犯的小方國，開創了「天下咸歡，商道復興」的大格局。

商王武丁在位（公元前 1250 年—1192 年）共五十餘年，可謂是商朝最鼎盛時期，武丁惟才是舉、衣食樸素，他日夜思復興殷，苦於未得忠良之佐，後來在傅說等眾多賢臣的輔佐之下，國勢強盛、政治清明、百姓富庶，史稱「武丁中興」。

做人做事首要就是「崇德修身」，節錄《中台禪寺開山方丈・惟覺老和尚》於 1997 年 8 月 25 日在台南市政府所開示的智慧語錄，老和尚說：人生在世，一個是做人、一個是做事，怎樣才能將人做好？將事做好？

每個人都希望做一番大事業，都希望出人頭地，可是「得意者十之一二，不如意者十之八九」，所以我們必須思考，在這個紛紜擾攘、接觸頻繁的社會，如何將事做好？不但做得好，而且做得圓滿，這當中有很深的道理。

在目前這個社會，人與人之間的交往複雜，人與事的接觸更頻繁，人、事之間，有密切的關係，在複雜多變的環境中，令人有「榮華瞬息間」的感覺；又由於資訊發達、交通快捷，所謂「天涯若比鄰」，世界上任何一個角落出了一點事情，很快就傳遍各地，所以必須審慎考量做人做事的準則，所謂「萬變不離其宗」，這個「宗」就是指這念心，在世間法來講，心要正、心要開闊、要有包容的涵養，才能成就大的事業。

席間，老和尚以《中台四箴行》～「對上以敬、對下以慈、對人以和、對事以真」，與大眾共勉，拋開宗教思維，這四句箴言，可以說是人與人彼此互動的微妙善法，若能落實於行動就是「崇德修身」的不二法門。

卷 二十三

希言自然
飄風不終朝，驟雨不終日，孰爲此者天地
天地尙不能久，而況於人乎
故從事於道者，同於道
德者同於德，失者同於失
同於道者，道亦樂得之
同於德者，德亦樂得之
同於失者，失亦樂得之
信不足焉，有不信焉

希言自然

面對同一件事物，人們都會出現不同立場的言辭，這是很自然的一種現象。

飄風不終朝，驟雨不終日

不是每個早晨都會有清風吹拂，不是每天都會遭逢傾盆大雨。

孰爲此者天地，天地尚不能久，而況於人乎

天地主宰著風雨的運行，卻無法讓單一種氣象固定不變而維持長久，天地之道尚且如此，何況是渺小的人道。

故從事於道者，同於道，德者同於德，失者同於失

所以順從於有道者做事，你的行爲自然有道；順從於德者做事，你的行爲自然有德；順從於失道者做事，你的行爲自然失道。

**同於道者，道亦樂得之，同於德者，德亦樂得之，
同於失者，失亦樂得之**

認同於「有道者」的行為價值，自然會樂於學習其道；認同
於「有德者」的行為價值，自然會樂於學習其德；認同於「失
道者」的行為價值，自然會樂於學習其失。

信不足焉，有不信焉

若是正道的信念不足，經不起名利欲望的誘惑，你就會喪失
信念而成為失道者；若是失道者，決定改過自新、改弦易轍，
有人會半信半疑、甚至有人會完全不相信，這也是很自然的
常態現象。

不斷反覆咀嚼本卷經文，總覺得有一種恍惚的直覺，似乎經文中隱隱約約，透露出老子「無為」思想主軸的中道觀。

泰國佛教界當代最具影響力的僧侶・阿姜查：我們很容易受到誘惑或厭惡的影響，而傾向兩種極端，大家都不喜歡處於中道，因為《中道》是一條孤寂的道路。

他說：「事物升起，二元對立便會自然生成，我們要學習啟動包容的雅量，先聽聽別人主張的論述，而不是一昧的否定，也不能因為立場相同，而毫無差別的全盤信任，應該不落兩邊，思維它們各自存在的意義，放下我執，儘可能冷靜面對、比較思維，便能體會其中的實相，切勿不加思索地直接陷入信與不信的問題」。

世界聞名的法國哲學家・笛卡兒：「我思故我在，當我懷疑一切事物的存在時，我卻不用懷疑我本身的思想，因為此時我唯一可以確定的事，就是我自己思想的存在；反對的意見在兩方面對於我都有益，一方面是使我知道自己的錯誤，一方面是多數人看到的，會比一個人看到的更明白」。

引用《知網百科》內文：《中道》也是古希臘哲學家「亞裡斯多德」倫理學的核心內容，它被視為最高的善，亞裡斯多德認為「德性」就是中道，中道思想具有深刻的內涵精神，它不是簡單的折衷，它既關乎著生命之德性，又是指導我們生命實踐的方法，也是我們行事的尺度，還是一種行動目標；《中道》以適度為原則，它卻很難達到，需要在理性的指導下不斷去追求，同時，中道也是一種極端，它與「善」相關與「惡」則完全不同，雖然要達到中道很難，但是中道具有微調性的特點，又使得達到中道成為一種可能。

蘇東坡有一首詠盧山詩：「橫看成嶺側成峰，遠近高低各不同，不識盧山真面目，祇緣身在此山中」。由於盧山範圍十分廣大，從遠處或近處觀看其形狀都不一樣，從側面看、或正面看亦是不相同，因為你還置身在它的山脈之中，而這座山到底是該用哪一個角度去看，才能看見它的真面目呢？這首詩的隱喻與瞎子摸象，都存在著相同的啟示，那就是面對同一件事物，由於每個人都有一個強烈主觀的自我存在，自然會導致結論有所不同，這就是老子所謂的「希言自然」之理，因此，面對不同處境的遭遇，不管是半信半疑、或是完全不相信，每一個人都有自主改變的權利。

分享《日本經營之神・松下幸之助》一段智慧語錄:「人的一生總是難免有浮有沉,不會永遠旭日東昇、也不會永遠痛苦潦倒,反覆地一浮一沉,對於一個人而言,就是正向的磨練,因此,浮在上面的不必驕傲,沉在底下的更用不著悲觀,能以率直謙虛的態度,樂觀進取向前邁進,只有經得起環境考驗的人,才能算是真正的強者」。

卷 二十四

企者不立，跨者不行
自見者不明，自是者不彰
自伐者無功，自矜者不長
其於道也，曰餘食贅行，物或惡之
故有道者不處

企者不立,跨者不行

站立時踮起腳跟,看似高人一等,卻是短暫不踏實;
走路時跨大步伐,看似快人一步、卻是欲速則不達。

自見者不明,自是者不彰,自伐者無功,自矜者不長

凡事一昧固執己見的人,無法明白真理存在的意義;
凡事習慣自以為是的人,無法彰顯正直公義的價值;
凡事喜歡自我標榜的人,無法成就功名帶來的榮耀;
凡事容易心生驕傲的人,無法有效幫助德行的成長。

其於道也,曰餘食贅行,物或惡之,故有道者不處

以上這六種心性行為,對於「學道者」而言,可以說是多餘
又阻礙學習的累贅,學道者當以此為戒,或是徹底斷除這些
惡習;所以「有道者」腳踏實地、修養德行,他的心性就不
會出現這六種偏差的行為。

本卷經文有一個關鍵單字「物」,《說文解字》:「物,萬物也,牛為大物,天地之數起於牽牛,故從牛」;「物」字有多層意涵,淺層之義,泛指天地間一切有形物質之通稱,也是現代人必較習慣的見解,例如地大物博、物盡其用;深層之義,泛指內在思想、行為事件等抽象事物,例如言之有物、待人接物,這層意涵古人用之甚常,如《管子‧心術下》曰:正形飾德萬物必得、聖人裁物不為物使、極變者所以應物也。

在夢中,老子用調侃語氣問我:「你為什麼不跟人家一樣,踮起腳跟、跨步前進」。我明白他老人家語意為何?我只能靦腆一笑置之,畢竟解說此經足足醞釀了十年,確實漫長了許久歲月,一來自覺根器不足、二來出書實非本意,若是解經淺說不能說服自己,又如何能了悟分享?

就像剝洋蔥一樣、剝了一層又一層,眼睛被薰到熱淚盈眶,已分不清淚水的源頭是感動還是煎熬,望著那顆如米粒般大小的心蕊,探尋它本來面目的起心動念,是從何時開始萌芽?似乎已經模糊了記憶,忘了我是誰。

有人說：人與人之間的關係是非常微妙的，我們一個眼神、一
句話都會對周圍的人產生影響，特別是你在乎的人，對方一句
讚美的話可以讓你開心好幾天，一句生氣的話，會讓你苦惱得
沒心情去做其他事情，面對這種人際關係，我們該如何調節自
己的態度去做抉擇？

二十世紀最著名的心靈導師‧卡耐基：「人生如行路，一路艱
辛、一路風景，你的目光所及就是你的人生境界，總是看到比
自己優秀的人，說明你正在走上坡路，總是看到不如自己的人，
說明你正在走下坡路，與其埋怨、不如思變，放下指責和批評，
真誠地讚賞他人」。

宋朝大詩人「蘇東坡」不但才華洋溢，對佛學造詣也領悟甚深，
他被貶到江北瓜州做官的時候，和一江之隔的金山寺高僧「佛
印」禪師交情甚篤、彼此相處融洽，兩人經常談經論道。

蘇東坡經常靜坐禪修，日漸有了功夫，有一日突然靈感來了，
隨即寫了一首他引以為傲的五言詩偈：「稽首天中天、毫光照
大千，八風吹不動、端坐紫金蓮」。他為了炫耀自己禪修的見
地，於是派書僮渡江，專程送去給「佛印」禪師欣賞印證，他
認為「佛印」禪師看到詩偈一定會讚不絕口。

誰知禪師看後，不禁莞爾一笑，只批了兩個字，便交給書僮原封帶回，蘇東坡很好奇禪師會如何讚歎自己，於是急忙打開一看，只見禪師歪歪斜斜地寫了兩個大字「放屁」。

這下子，蘇東坡氣到鬍子都翹起來了，氣呼呼：「豈有此理，簡直是欺人太甚，我馬上去找佛印理論一番」，隨即叫書僮趕忙再備船渡江，親自出馬到對岸金山寺去找佛印興師問罪。

船才一靠岸，便發現佛印禪師已站在江邊，蘇東坡一見佛印禪師，怒氣沖沖地吼道：佛印！我們一向相處得很好，縱然我的悟性不夠水準，畢竟你是一個有修養的出家人，怎麼可以隨便惡口罵人？

禪師若無其事的問道：「我罵你什麼」？蘇東坡一聽，臉都脹得通紅，已氣得說不出話來，只顫抖著手，指著「放屁」兩個字，讓佛印自己去看。

禪師不禁哈哈大笑：「大學士！你不是自誇《八風吹不動》嗎？怎麼放一個屁，就把你打過江來了呢？」，蘇東坡頓時才恍然大悟，只好低頭不語、羞愧萬份，立即渡江而回。

卷 二十五

有物混成，先天地生
寂兮寥兮，獨立而不改
周行而不殆，可以爲天地母
吾不知其名
故強字之曰道，強爲之名曰大
大曰逝，逝曰遠，遠曰反
故道大，天大，地大，人亦大
域中有四大，而人居其一焉
人法地，地法天，天法道，道法自然

有物混成，先天地生

在混沌黑暗的宇宙中，有一股生生不息的無形能量存在，它主宰著有形物質的衍化生成，就像先有天、後有地，然後孕育天下萬物。

寂兮寥兮，獨立而不改

生命物種原始之初，都是既孤寂又稀少，各自都有獨立適應生存的本能，而且不會改變。

周行而不殆，可以爲天地母

這股生生不息的無形能量，它讓日月依循著固定軌跡周轉運行，從來不曾懈怠，它為天地萬物帶來生存的希望與光明，它猶如一位無私呵護天地的母親。

吾不知其名，故強字之曰道，強爲之名曰大

我不知道怎樣稱呼它，所以勉強用「道」這個字來形容，並且給這個「道」取名為「大」，稱之為「大道」。

大曰逝，逝曰遠，遠曰反

「大」代表著無邊無際的過去、代表著影響深遠的未來、
代表著永續生存的現在。

故道大，天大，地大，人亦大

所以「道」因無私孕育天地而偉大；「天」因無私包容大
地而偉大；「地」因無私承載萬物而偉大；「人」也可以因
無私奉獻而偉大。

域中有四大，而人居其一焉

四大無私奉獻的領域中，而人列居其一，是因為人類也具
有無私奉獻的美德。

人法地，地法天，天法道，道法自然

人類的法則，要學習大地無私載物，才能永續生存；
大地的法則，要順從上天無私覆育，才能滋長萬物；
上天的法則，要依循大道無私運行，才能周行不殆；
大道的法則，乃自然而然自主變化，才能無中生有。

在夢中，老子對我說：「人類思想的根源，都是為了尋找解決之道，化解人類所面臨的各種生存危機；若思想脫離了這個核心價值，再深奧微妙的學說智慧，都顯得毫無意義」。

本卷經文有二個極其重要的觀念必須釐清，其一即是「道」字的觀念，道最早見於甲骨文，道本義為道路，由道路本義衍用於動詞，表示取道、經過之意；道從辵、從首，繼之引申出抽象思想之別義，例如方法之道、技藝之道、規律之道、學說之道、聖人之道等等，而在先秦古代典籍中，經常以「有道」來表達政治清明的局面。

綜觀春秋時期之思想洪流，老子充分運用於經卷之中，每卷經文之「道」另有所屬，若是你把經卷中所有「道」字，都以本卷所言之「道」來解說，就會被囚禁在「道」的大牢之中，你的思想將失去了自由。

《管子‧心術上》曰：「道在天地之間，其大無外、其小無內」，故而本卷所言之「道」乃屬於老子個人之宇宙大觀，如是而已。經卷中有三處出現「大道」一詞，可以在這個思想基礎上進行理解，只是焦點還是要回歸人世間，而不停留在宇宙浩瀚之虛空，若用宇宙虛空之道，當作解決天下紛爭之核心價值，那無疑是緣木求魚，猶如《六祖壇經》偈言：「佛法在世間，不離世間覺，離世求菩提，猶如覓兔角」。

其二要釐清的觀念是「道法自然」，此乃本卷經文中一個非常關鍵詞彙用義，若將「自然」之次第解讀成凌駕於「道」，那老子的宇宙終極觀應該是「自然之體」而非「道體」；古代「自然」之語法，乃指自然而然，與現代語法所泛指的自然現象，截然不同，例如《管子・心術下》：「是故聖人，若天然無私覆也，若地然無私載也，私者亂天下者也」。

更進一步分析，若研讀過易經，應該不難推論出老子本卷經文所言之「道」，乃是萃取易經思想之精華，《易》曰：「一陰一陽之謂道，道也者，物之動莫不由道也。」子曰：「夫易何為者也？夫易開物成務，冒天下之道，如斯而已者也；是故，聖人以通天下之志，以定天下之業，以斷天下之疑」。

因此，依本卷經文內容所描述之「道」，可以理解為這是「老子的宇宙觀」，他慣用細膩觀察力冥想出玄妙的智慧，他跳脫了「一陰一陽」之道，而領悟出「大道」之真理，那股生生不息的無形能量，即是「太極、無極」之道，猶如現代宇宙學中的「暗物質」與「暗能量」。

整個宇宙的構成中，可見物質占 4.9%，而不可見的暗物質則占 26.8%，還有 68.3% 則是人類尚未探知的暗能量；最早提出證據，並且推斷暗物質存在的是荷蘭科學家《揚・奧爾特》，他在 1932 年根據銀河系恆星的運動，提出銀河系裡面應該有更多質量的想法。

英國著名物理天文學家《史蒂芬・威廉・霍金》：我們看到從很遠星系來的光，那是在幾百萬年之前發出的，在我們能看到最遠物體的情況下，光是在 80 億年前發出的，所以當我們看宇宙時，我們是在看它的過去。

他說：宇宙中的物質是由正能量組成的，雖然我們人類的身體受到許多限制，但是我們的精神卻能自由的探索整個宇宙，人們仍然可以想像，上帝是在大爆炸的瞬間創生宇宙，或者甚至在更晚的時刻，以使他看起來就像發生過大爆炸的方式創生，但是設想在大爆炸之前創生宇宙是沒有意義的，大爆炸宇宙並沒有排斥造物主，只不過對他何時從事這工作加上限制而已。

分享《史蒂芬・威廉・霍金》一句勵志名言：「記住要仰望星空，不要低頭看腳下，無論生活如何艱難，請保持一顆好奇心，你總會找到自己的路和屬於你的成功」。

卷 二十六

重爲輕根，靜爲躁君
是以君子終日行，不離輜重
雖有榮觀，燕處超然
奈何萬乘之主，而以身輕天下
輕則失根，躁則失君

重為輕根，靜為躁君

君子懂得重視天下百姓被輕忽的生存權益；懂得冷靜分析君王躁動的利害得失。

是以君子終日行，不離輜ㄗ重，雖有榮觀，燕處超然

所以君子為了實現政治抱負，不辭勞累在各國之間四處奔波，盼望能得到君主的賞識重用，他們把行李擱置在有斗篷的馬車上，看起來好像是滿載而歸的光采，實際上是以馬車為家，他們猶如燕子棲身在窄小的窩巢之中，卻甘之如飴、態度超然。

奈何萬乘之主，而以身輕天下，輕則失根，躁則失君

奈何那些擁有萬乘馬車的大國諸侯，「重武輕文」不賞識他們，而且為了滿足爭霸私慾，輕忽天下百姓生活的困苦；輕視天下百姓生存的權益，早晚會喪失民心；躁動興兵四處征戰的君王，很快就會失去他的政權地位。

本卷經文所描述之「君子終日行、不離輜重」，腦海中便不自覺，閃爍出孔子周遊列國所面臨的各種窘境，他先後到過十餘個國家，其中有衛國、曹國、宋國、鄭國、陳國、蔡國、楚國，希望能找到機會實行他的政治主張，可惜沒有一個國家的君主願意任用他。

《管子・形勢解》：「海不辭水，故能成其大；山不辭土石，故能成其高；明主不厭人，故能成其眾；士不厭學，故能成其聖，凡治國之道，必先富民」。

孔子在列國奔波了十餘年，本來還打算渡過黃河去晉國，由於時局不好、加上年紀也老了，最終他站在黃河邊上，望著浩蕩又急促奔流的黃河之水，不禁感嘆曰：「美哉！水洋洋乎，丘之不濟，命也夫」。

孔子周遊列國，並不是盲從地四處宣傳他仁政治國的理念，而是希望找到一個能夠受到信任的地方，實踐自己的政治理想，進而能促使天下安定；孔子周遊列國十餘載，雖敗興而歸，未能在有生之年施展政治抱負，但他周遊列國所見所聞，所累積的親身經歷，儼然成為灌溉心靈的肥料，形成了一個儒家學派，儒家的思想對後世影響甚深，故後人尊稱「至聖先師」。

西周時期，國子接受教育的學堂，稱之為「國學」和「鄉學」；「國學」設在周王朝都城和諸侯都城，教學對象都是大貴族的子弟；「鄉學」設在都城之外，是一般貴族子弟的學堂，當時非貴族的平民百姓都沒有接受教育的權利。

《周禮》規定貴族子弟 15 歲開始接受教育，學習六藝「禮、樂、射、禦、書、數」，其中「禦」指的就是學習駕馭馬車的技術；春秋時期，國家之大小、強弱都由披甲戰車數量之多寡來衡量。

西周時期，軍隊編制一個師 2500 人，當時天子擁有約六個師的兵力，大諸侯國不能超過三個師、小諸侯國更少；《周禮》規定只有天子才能坐六匹馬的馬車、諸侯駕五、卿駕四、大夫駕三、士駕二、庶人駕一，但是到了春秋時期，禮樂崩壞，大諸侯國不再遵守禮制，紛紛僭越不斷擴編軍隊規模，天子周平王東遷之後，兵力規模已經大不如前，甚至不如一個小國，幾乎完全喪失了恫嚇能力與權勢威儀。

日本政治家・大平正芳：「政治不應當是簡單地行使權力，應該與國民成為一體，與國民同甘共苦；政治不應向國民散佈不切實際的幻想，也不要讓國民對政治抱有過大的期待，應該實行為雙方理解，對雙方有利的政治」。

卷 二十七

善行無轍跡，善言無瑕讁，善數不用籌策

善閉無關楗而不可開，善結無繩約而不可解

是以，聖人恆善救人故無棄人

恆善救物故無棄物，是謂襲明

故善人者，善人之師，不善人者，善人之資

不貴其師，不愛其資，雖智大迷，是謂要妙

善行無轍跡，善言無瑕讁ㄜ，善數不用籌策

善的行為沒有固定其軌跡、也沒有限制方向；
善的言辭沒有欺瞞其瑕疵、也沒有譴責批判；
善的次數不用籌謀其成敗、也不用計策得失。

善閉無關楗而不可開，善結無繩約而不可解

有人把善的言行舉止關閉起來，他的善並沒有被上鎖，卻
畫地自囚而無法打開枷鎖；有人把善的人性價值打了死結，
他的善並沒有被綑綁，卻作繭自縛而無法解除心結。

是以，聖人恆善救人而無棄人，恆善救物而無棄物，是謂襲明

所以聖人始終以身作則，教導世人學習淡泊名利，而且不
會放棄任何對象；因為他們始終心存善念，能夠立即提出
解救之道，而且不會放棄任何事物；聖人沿襲傳統生活美
德，充分體現出人性光明面，這就是所謂襲明的精神。

故善人者，善人之師，不善人者，善人之資

因此有善之人，是我們學習效仿的榜樣；
反觀不善之人，是我們引以為戒的資鑒。

不貴其師，不愛其資，雖智大迷，是謂要妙

有人不重視聖人的美德，也不愛惜不善者的資鑒，這些獨
善其身的人，雖然看起來很有智慧，卻迷失了人性存在的
最大意義，這種獨善其身的巧妙價值觀，稱之為要妙。

古人得志澤加於民，不得志修身見於世，故而《孟子‧盡心上》曰：「窮則獨善其身，達則兼善天下」。戰國時期，孟子勸宋勾踐到他國去遊說仁學，宋勾踐向孟子請教如何遊說？孟子說：「尊崇儒道樂於仁義，君子為人，窮困時不要失掉仁義，得志時不要失去理智，這樣窮困時能獨善其身、自得其樂，得志時能兼顧天下的利益」。

然而莊子對「窮則獨善其身」這句話有不同的見解，他說：「獨善其身者，難成大事」，意思是說一個人就算能力再強，單靠他一個人單槍匹馬，是沒有辦法取得巨大成功的。

佛教淨土宗‧淨空法師：「慎獨，是人生的最高境界」。「慎獨」一詞，出自於《中庸》：「莫見乎隱，莫顯乎微，故君子慎其獨也」。所謂的慎獨，就是在別人看不見的時候，也能慎重行事；在別人聽不見的時候，還依舊保持覺醒，不生惡念；一個人獨處時，最能顯現出一個人的本性，一些不經意的小動作往往體現了一個人的素質，一些最微小的細節常常能夠折射出一個人的靈魂；而慎獨就貴在三個如一，即是「言行如一、心口如一、始終如一」。

分享一則烏鴉的小故事：在冬季寒冷的西伯利亞冰原上，一頭小野牛因為沒有抵抗住酷寒的氣候，被凍死在地面上；遠處，一隻烏鴉正在空中盤旋，牠正在四處尋覓能讓自己活下去的食物，終於，這只烏鴉發現了躺在地上的那頭小牛，這下子足夠讓牠好好飽食大餐，假使沒有出現其他動物來搶食，這將會是牠未來數周、甚至數個月的食物來源，可是烏鴉只使勁地啄了幾口牛肉，然後就急急地飛走了。

兩天後，就在那隻小牛的上空，突然間出現了一大群不計其數的烏鴉，紛紛降落在小牛的身邊，牠們開始興奮地分食牛肉，吃得又饞又猛，不到半天工夫，地上只剩下了一副牛的空骨架了！

這一個現象，恰好被正在當地考察的動物科學家們撞見，他們好奇不已，這一大群烏鴉到底從何而來？牠們怎麼會知道這裡有食物？因為科學家們，這兩天並沒有觀察到有其他動物在此地現身，難道這一大群烏鴉是第一隻烏鴉邀請來的？為了解開心頭的疑惑，科學家們決定進行一個實驗！

一周後，他們從當地原住民部落運來一頭死鹿，並將其拋在離野牛骨架不遠處，然後靜靜觀察，很快空中有一隻烏鴉發現了死鹿，牠也是啄了幾口，然後迅速飛走了；兩天後，躺著地上的那頭死鹿，被趕來的一大群烏鴉瓜分殆盡。

科學家們為了證實這個真相，他們在附近捕抓一隻烏鴉，並在牠身上安裝一個自動追蹤器，過了一段時間，他們在這隻烏鴉活動的範圍領域，又刻意放置一隻死鹿，然後開始追蹤和記錄牠的行程；很快，追蹤器傳回來的資訊顯示，牠整整飛了一天，牠才找到了一大群同類，在牠的帶領下，又飛了一天，所有的烏鴉都聚集來到死鹿的所在地，一起分享食物。

因此科學家們得到了一個結論，體積不足二個拳頭大的烏鴉，即便是在食物短缺、天氣惡劣、自身性命難保的情況下，牠依然會奮不顧身，時時想著與同類共用食物，這是一個值得人類省思的話題。

世界最卓越的文學家《莎士比亞》說：「一顆好心抵得過黃金；沒有德性的美貌，是轉瞬即逝的，可是因為在你的美貌之中，有一顆美好的靈魂，所以你的美貌是永存的；善惡的區別，在於行為的本身，而不在於地位的有無」。

卷 二十八

知其雄，守其雌，為天下谿

為天下谿，恆德不離，復歸於嬰兒

知其白，守其黑，為天下式

為天下式，恆德不忒，復歸於無極

知其榮，守其辱，為天下谷

為天下谷，恆德乃足，復歸於樸

樸散則為器，聖人用之，則為官長，故大制不割

知其雄，守其雌，為天下谿

知道採取強硬手段會失去民心，執政者就要堅守懷柔溫和的政策，這是天下民心流動的趨勢。

為天下谿，恆德不離，復歸於嬰兒

想要掌握天下民心，必須維持德政利養百姓而且不可間斷，百姓自然就會如同嬰兒一般，容易接受安撫與呵護。

知其白，守其黑，為天下式

知道百姓內心最畏懼發生戰爭，執政者就要克制內心稱霸的私欲，這是安定天下的典範模式。

為天下式，恆德不忒，復歸於無極

想要成為安定天下的明君，必須愛民如子，施行德政才不會出差錯，這是一種無私至極的玄妙智慧。

知其榮，守其辱，爲天下谷

知道百姓以傳統善良風俗為榮，執政者就要堅守忍辱負重
的責任，這是胸懷天下的自然法則。

爲天下谷，恆德乃足，復歸於樸

想要贏得天下百姓的讚譽，必須率先以身作則來體現德行，
社會風氣自然能回歸質樸。

樸散則爲器，聖人用之，則爲官長，故大制不割

執政者若有此樸素的生活美德，他的名聲自然會傳遍天下，
達到教化世人的最大器用；聖人就是用這種德行智慧來輔
佐治國，才能成為百官學習的典範，所以君王施政大公無
私，是一種不能割捨的天職。

莊子追隨老子的思想軌跡，他認為「樸素」是極致之美，大道至簡，三千繁華，終歸樸素。古德有言：「淡極始知花更豔，花到無豔始稱絕」，歷盡世間喧鬧浮華，才明白生活平淡的可貴；樸素之道，看似風輕雲淡，實則包含萬千，故而《莊子‧天道》曰：「靜而聖，動而王，無為也而尊，樸素而天下莫能與之爭美」，人性之美，源自一顆簡單而樸素的心，它超越名利是非之爭，因而天下誰也無法如同競爭名利一般，與它相爭「美」的地位。

春秋時期，楚國大夫沈諸梁因封地於葉被稱為「葉公」，孔子周遊列國，來到楚國的葉邑，葉公向他請教怎樣治理一個地方，孔子曰：「近者悅，遠者來」，他告訴葉公要先讓境內的人民生活無虞、歡悅無怨，遠處的人就會自然慕名而來投奔。

《管子‧心術下》：「心之在體，君之位也，九竅之有職，官之分也；心處其道九竅循理，嗜欲充益目不見色、耳不生聞，故曰上離其道、下失其事」。意思是說，心在人體之中處於君的地位，九竅各有功能，有如百官各有職務，心的活動合于正道，九竅就能按常規工作，心充滿了嗜欲，眼就看不見顏色、耳就聽不到聲音，所以說在上位的脫離了正道，居下位的就會怠忽職守。

據《韓非子》之記載：春秋時期「五霸」之首的齊桓公，平素喜愛穿紫服，上有所好、下必甚焉，國人紛紛仿效，一時間紫色的衣料大漲，一匹紫色布的價格超過五匹素色布的價格，齊桓公不知道如何遏止這種現象，於是問丞相管仲，他說：「寡人好服紫，紫貴甚，一國百姓好服紫不已，寡人奈何？」管仲曰：「君欲止之，何不試勿衣紫也」，齊桓公於是接受勸諫，不再穿紫服，當天，所有的近臣就不再穿紫色衣服，次日，國都臨淄已沒人穿紫色衣服，第三天，整個齊國也找不到一個穿紫色衣服的人了。

這就是歷史上「齊桓紫服」的故事，由此可見領導者的言行和生活作風，對廣大群眾的引領作用影響甚大，身為一國之君，若生活上能做到樸實無華，確實比一般百姓困難許多，畢竟他們面對權勢與利益的誘惑，遠超乎常人所能理解的範疇。

德國鐵娘子這位 2021 年退出政壇的女首相《德國總理‧梅克爾》，她執政長達 18 年，在領導生涯中沒有記錄過她有任何違規行為，也沒有任用親戚擔任國務卿之職，經歷多次政治危機與挑戰，她民意支持度一直居高不下，被認為是一位了不起的政治人物。她和其他公民一樣住在一間非常普通的公寓裡，她在當選德國總理之前就住在這所公寓，她沒有搬到豪宅，也沒有別墅、僕人、游泳池和花園。

在一次新聞發佈會上，一位女記者問梅克爾：我們注意到您總是穿同一款外套，您難道沒有其他選擇嗎？她回答說：我是公務員，不是模特兒。

在另一場新聞發佈會上，有記者問她：您身為一國元首，為什麼家裡沒有安排打掃房間、做飯的女傭呢？她回答：我沒有安排女工，是因為我不需要她們，我丈夫和我每天都能做我們自己的家務事。

然後另一個記者追問：誰洗衣服？是您還是您丈夫？她回答：我們很幸福，都不需要自己動手去洗，我們會安排誰來操作洗衣機，通常是安排在晚上，在電力供應比較便宜的時段，但是不會太晚，最重要的是要考慮到鄰居的生活作息，因為我們公寓和鄰居的分隔牆不夠厚，隔音效果實在很不理想。

梅克爾是出生在西德的牧師之女，她從父親那裡獲得關懷人道的人文影響與教育，成為舉世聞名的政治家，她傑出貢獻已經載入德國史冊、也載入歷史典範，她曾強調人們必須嘗試在相互尊重，帶著明確見解的情況下尋求妥協，這就是政治，也就是永遠要找出一條前進的共同道路，她有一句名言：「我從未低估自己，但也絕不要放任自我膨脹」。

 卷 二十九

將欲取天下而爲之，吾見其不得已
天下神器，不可爲也，不可執也
爲者敗之，執者失之
故物或行或隨，或噤或吹
或強或羸，或載或隳
是以聖人去甚，去奢，去泰

將欲取天下而爲之，吾見其不得已

若想要採用武力來爭奪天下民心，我看這種欲望是不可能
成功的。

天下神器，不可爲也，不可執也，爲者敗之，執者失之

「戰爭」是天下毀滅性最強悍的神器，不可為了滿足稱霸野
心而去掀起「戰爭」，最好捨棄這種念頭不要去擁有它；凡
是採用武力來成就自己的野心，他最終都會身敗名裂，凡
是堅持以武力統治為信念的人，他必定會失去天下民心。

故物或行或隨，或噓或吹，或強或羸，或載或隳

所以面對「欲望」要隨時保持警戒之心，因為「欲望」會
無聲無息、形影不離的跟隨著你；當你面對威脅或誘惑的
時候、當你地位強壯或虛弱的時候、當你承受讚美或毀謗
的時候，它都會出現。

是以聖人去甚，去奢，去泰

所以聖人不追求個人功名的成就，面對威脅或誘惑，他都
能安然脫身；聖人不追求個人生活的奢華，身分地位強或
弱的時候，都能怡然自得；聖人不追求個人處事的泰安，
面對讚譽或毀謗，都能淡然處之。

第二次世界大戰末期，1945 年 8 月 6、9 日這兩天，美軍分別在日本廣島市和長崎市各投下一枚原子彈，造成數十萬日本平民死亡，這是人類歷史第一次也是唯一在戰爭中使用核子武器，並促使日本投降及第二次世界大戰終結。

自此以後發展核武，成為世界各大強國競相角逐武力的指標，形成了所謂的「恐怖平衡」，引用台灣大學物理系‧高湧泉教授一篇撰文內容：1939 年 8 月，因為納粹壓迫而流亡到美國的匈牙利科學家「齊拉德」，他鼓動「愛因斯坦」寫信給當時美國總統「羅斯福」，信中說明「去年底（1938 年），德國核子化學家發現核分裂反應，這個科學發現可能導致重大毀滅性武器的發展」，並督促美國重視原子能研究。到了 1942 年，因為第二次世界大戰的因素，美國決定盡全力研發核子武器，並且在一個月內就做出了整個計畫最關鍵的決定，並且聘任「歐本海默」為實驗室主任，歐本海默自己則認為他入選的原因，是其他合格的人都已有重要的任務，而且這個造彈計畫的名聲並不好。

1945 年初，杜魯門出任美國副總統，當年 4 月，時任總統羅斯福於任上逝世，杜魯門隨即補位，成為第 33 任美國總統；美國政府當時成立了一個臨時委員會，來評估是否該用上原子彈？委員會指派了一個科學顧問小組提供諮詢，四位成員分別是歐本海默、費米、勞倫斯、康普頓，這四個人除了歐本海默之外，其他三位元都是諾貝爾物理獎得主。臨時委員會最終建議「杜魯門」總統，應該盡快用原子彈對付日本，不過仍有不少科學家反對投擲原子彈，例如當初鼓動愛因斯坦上書羅斯福總統，重視原子能研究的齊拉德，他就取得了數十位科學家的連署，呼籲杜魯門千萬要慎重。

廣島長崎原爆之後，歐本海默與杜魯門總統見了面，他對杜魯門總統說：「我覺得我們手上有血。」杜魯門總統回答說：「不用擔心，它會洗掉的」。事後，杜魯門寫信給朋友說歐本海默是個「哭鬧的科學家…來我辦公室…一直告訴我，他們手上有血因為發現了原子能。」

據瑞典「斯德哥爾摩」國際和平研究所（SIPRI），2019 年
6 月發佈的報告統計，截至 2019 年初，全球 9 個核國家以
及準核國家，共計擁有核彈 13865 枚，已經足夠毀滅地球
好幾次；同時該報告還提出，隨著科技精進、發展核武器
的質量，不但提升了而且威脅性更加劇大，當今核彈威力
已經不是廣島原子彈時代，可以相提並論。

分享《愛因斯坦》一段智慧語錄：「人所具備的智力僅夠使
自己清楚地認識到，在大自然面前自己的智力是何等的欠
缺，如果這種謙卑精神能為世人所共有，那麼人類活動的
世界就會更加具有吸引力；一個人所能做的就是做出好榜
樣，要有勇氣在風言風語的社會中，堅定地高舉倫理的信
念」。

卷三十

以道佐人主者，不以兵強天下，其事好還
師之所處，荊棘生焉，大軍之後，必有凶年
善戰者果而已，勿以取強焉
果而勿驕、果而勿矜、果而勿伐、果而勿得已
是謂果而不強
物壯則老，是謂不道，不道早已

以道佐人主者，不以兵強天下，其事好還

有志之士憑其所學之道，輔佐各國諸侯治理國家，都不應該主張以武力奪取天下，今日你興兵侵犯他人，他日必有人會興兵討伐你。

師之所處，荊棘生焉，大軍之後，必有凶年

軍隊所駐紮與交戰之地，原本都是平坦開闊良田，經過兵馬無數次踐踏過後，土地變堅硬只能適合荊棘生存，等到戰爭結束之後，不但沒有農作物可以收成而且屍橫遍野，這種情況對當地百姓而言，如同災荒、瘟疫大凶之年。

善戰者果而已，勿以取強焉

紀律嚴明的軍隊，在攻城掠地之後，士兵們都不敢犯下如同強盜、殺人放火、趁火打劫的惡劣行徑。

果而勿驕、果而勿矜、果而勿伐、果而勿得已，是謂果而不強

軍隊取得了勝利戰果，不要以驕傲之心羞辱對方、也不要
以高傲之姿鄙視遺民、更不要以討伐之罪濫殺戰俘，畢竟
戰果不是每一次都能擁有，他日才不會自食惡果，這就是
所謂「果而不強」的道理。

物壯則老，是謂不道，不道早已

採用武力併吞小國來壯大自己，這是強國邁向衰老的跡象，
也是一種不合乎正道的霸權手段，稱之為「不道」，不道者
惡劣的名聲很快就會傳遍四方，他會成為天下人所辱罵、
唾棄的對象，而加速了滅亡的腳步。

先秦古籍對暴虐、沒有德政、不行正道者皆以「無道」形容之，例如《論語‧季氏》：天下無道，則禮樂征伐自諸侯出；《史記列傳》：故國有道則仕，國無道則隱；《禮記‧檀弓下》：曾子曰國無道，君子恥。

由於《無為》是老子思想架構核心價值，為了避免思想混淆，因此本卷衍生「不道」一詞，頗有區隔「無道」之用意，道德經有「道」字之經卷，計有 34 卷，而「無道」一詞僅出現在《卷四十六》之言：「天下有道，卻走馬以糞；天下無道，戎馬生於郊」，猜想有可能是老子刻意留下對照的伏筆，若經卷出現太多「無道」的貶抑詞，勢必會造成思想混淆而模糊焦點；如同「無知」一詞，是闡述「無私知見」的正向理念，而大家直接聯想是「對知識匱乏」的定義，卷三所言「常使民無知無欲」，搞得眾人一頭霧水、百思不得其解，質疑老子基於何種理念而口出「愚民之說」？因此後學對《道德經》思想學說，出現褒貶不一的爭議言論，所幸此經先後有「唐玄宗、宋徽宗、明太祖、順治帝」四帝分別著書註解，緩和了褒貶的爭議，然而眾人最終也只能以美化「愚民之說」來定論「無知」，還是曲解了他老人家的本意。

《晏子春秋・內篇・問上第三》：景公舉兵欲伐魯，問于晏子，晏子對曰：「不可。魯好義而民戴之，好義者安，民戴者和，伯禽之治存焉，故不可攻，攻義者不祥，危安者必困。

齊景公想要出兵攻打魯國，詢問晏子意見，晏子回答說：不可以這樣做。魯國君主施政講仁義，深受人民愛戴，施政有仁義的君主，他的國家一定很安寧，人民愛戴彼此相處很和諧，他延續其先王伯禽治理的德政，所以不可以攻打魯國，攻打講仁義的國家是不吉祥的，去危害安定的國家，反而會讓自己陷入不講仁義的困境。

景公問晏子曰：「臣之報君何以？」晏子對曰：「臣雖不知，必務報君以德。士逢有道之君，則順其令；逢無道之君，則爭其不義。故君者擇臣而使之，臣雖賤，亦得擇君而事之」。

景公問晏子說：「臣子用什麼來報答君王？」晏子回答說：「臣雖然不聰慧，也一定要以德來報答君王。士人遇到有道之君，就聽從他的號令；遇到無道之君，就諍諫他的不義之處。所以君王選擇臣子來任用，臣子雖卑賤，也可以選擇君主來事奉」。

引用《維基百科》內文:「晏子春秋」是記載中國春秋時期,齊國丞相晏嬰言行活動的一部書,晏嬰是齊國上大夫晏弱之子,齊靈公二十六年(公元前 556 年)晏弱病死,晏嬰繼任為上大夫,史稱晏子,歷任齊靈公、莊公、景公三朝,輔政長達五十餘年,他以有政治遠見、外交才能和作風樸素聞名諸侯、聰穎機智、能言善辯。

「晏子春秋」成書於戰國時期,是由墨家學徒將史料和民間傳說彙編而成的,在四庫全書中為史部傳記類聖賢、名人之屬,該書記載了許多晏子勸告君主勤政、不要貪圖享樂、任用賢能、虛心納諫、以及愛護百姓的事例,西漢的劉向對其加以過整理,共 8 卷 215 章,分為內篇 6 卷和外篇 2卷;清末的蘇輿、張純一分別著有「晏子春秋校注」,現代吳則虞著有「晏子春秋集釋」。

 卷三十一

夫佳兵者，不祥之器也
物或惡之，故有道者不處
君子居則貴左，用兵則貴右
故兵者非君子之器也
不祥之器，不得已而用之，銛鰡爲上，勿美也
若美之，是樂殺人也
夫樂殺人，不可得志於天下矣
吉事尚左，凶事尚右
是以偏將軍居左，上將軍居右，言以喪禮居之
殺人衆，以悲哀泣之，戰勝以喪禮處之

夫佳兵者不祥之器也,物或惡之,故有道者不處

那些鼓譟以武力興兵征戰之人,這種好戰心態是不吉祥之器物,這種器物最好是擱置不用,或是徹底斷除這種好戰心態,所以有道者,都不主張憑藉強悍武力來贏得天下民心。

君子居則貴左,用兵則貴右,故兵者非君子之器也

君子居位則以左為尊貴,用兵則以右為尊貴,所以執掌兵權非君子擅長之器物。

不祥之器,不得已而用之,銛ㄒㄩˊ龐為上,勿美也

用兵若是基於情勢所逼迫,必須動用武力來解決紛爭,則以速戰速決為上策,不要把戰場殺敵功績,當作是一種美名。

若美之,是樂殺人也,夫樂殺人,不可得志於天下矣

若是喜愛炫耀殺敵戰功,其行徑如同以殺人為樂的屠夫一般,像這樣弒殺成性的人,不可得志於天下,否則天下將永無安寧之日。

吉事尙左，喪事尙右

在古制禮儀中，吉事歡慶隊伍中最尊貴的人，會被安排在左側隊伍第一位；而喪事出殯隊伍中最尊貴的人，則是會安排在右側隊伍第一位。

是以偏將軍居左，上將軍居右，言以喪禮居之

所以看到陣容龐大、士氣高昂的出征軍隊，偏將軍被安排在左側第一位，上將軍則安排在右側第一位，這種隊伍陣容看起來，就像是喪家出殯的儀式。

殺人眾，以悲哀泣之

戰場上兩軍交戰傷亡慘重，屍橫遍野宛如喪事一樣，也確實充滿悲哀哭泣之聲。

戰勝以喪禮處之

當出征軍隊獲勝凱旋回國，那隊伍還是如同喪家出殯的儀式，根本不應該歡欣慶祝。

本卷經文內容無疑是「左比喻、右暗諷」，針對無端掀起戰爭者的嚴厲控訴，在古代出征與凱旋，都有隆重歡慶迎送的儀式大典，但是看在老子眼中，這個儀式大典形同喪家出殯一樣，因為在儀式背後，隱藏著無數家庭生離死別的哭泣聲，老子展現了他異於常人、既敏銳又細膩的觀察能力，也初次見識到他老人家的黑色幽默。

縱觀歷史，殺戮比較殘酷的武將，幾乎都不得善終，例如戰國時期，秦國名將白起擔任秦國將領 30 多年，攻城 70 餘座，殲滅近百萬敵軍，未嘗一敗，被封為武安君，白起與王翦、廉頗和李牧並稱為戰國四大名將。其中最「長平之戰」備受爭議，秦昭襄王四十七年（公元前 260 年）白起率領秦軍在趙國的長平一帶與趙國軍隊發生激烈戰爭，長平之戰持續了 5 個月，趙軍最終戰敗，白起用欺騙的手段，下令士卒將趙國四十萬降兵全部殺死，只殘留下年紀尚小的士兵 240 人放回趙國報信，史稱「長平之戰」，戰爭結束後，秦軍清掃戰場收集頭顱，因頭顱太多而堆積成台，他被人暱稱「白起台」綽號「人屠」。

最終白起晚年與秦昭襄王在戰略上，產生較大的分歧，而遭削官貶職並被驅逐出境，他才走出咸陽西門十里路，秦昭襄王派使者追至，賜給他一把劍，命他自盡。白起自刎時仰天長嘆：我為秦國立下了無數戰功，無奈竟落得這樣的下場？心灰意冷之際，他突然醒悟，我確實該死，「長平之戰」以欺騙手段坑殺了四十萬趙國降兵，這個罪過足夠了，於是舉劍自刎。

夏商周時期，古人尚左而下右、南向為尊、北向為卑，但在不同朝代、不同場合也有以右為尊的，「周禮」將禮儀分為吉、凶、軍、賓、嘉五種儀制，文官尊左、武將尊右，吉慶之事尊左，凶事、兵事則尊右；民間喜慶活動一般以左為貴，凶傷弔唁以右為尊。蹤觀道德經卷之全文，不難看出老子不但是一位典型和平愛好者，他對戰爭所掀起的人禍，可謂極端排斥與反感，也算是一位反戰的高知識份子，舜曰：「不可上德不厚而行武，非道也」。

靈鷲山‧心道法師說：「戰爭非常殘酷，當雙方為了戰勝無所不用其極地纏鬥、傷害、殺戮時，也累積了世代難消的怨氣，這些惡業像連鎖效應一樣蔓延遞變，不斷循環醞釀成災，可以說一切的災難，從《殺》而來。殺業，是一種嗔怒怨恨的作用，那種力量會像分子般結合，凝聚為無可控制的業力」。

卷 三十二

道恆無名，樸雖小而天下弗敢臣
侯王若能守之，萬物將自賓
天地相合，以降甘露
民莫之令而自均焉
始制有名，名亦既有
夫亦將知止，知止所以不殆
譬道之在天下，猶川谷之於江海

道恆無名，樸雖小，而天下弗敢臣

有道者能夠恆常維持德行不變，是因為他沒有貪求名利之心，不要小看這種古樸的生活美德，它是衡量一個人德行的基本要件，而天下人卻很容易忽視它的重要性。

侯王若能守之，萬物將自賓

各國諸侯君王誰若能奉守古樸之道，來治理國家，民心風俗自然會良善質樸、社會秩序自然能安定祥和。

天地相合，以降甘露

猶如天地陰陽之氣相互契合，才能風調雨順、普降甘露利養萬物。

民莫之令而自均焉

居上位之侯王若能以身作則，居下位之百姓自然會效法響應，不用法令來約束。

始制有名，名亦既有

誰能率先將古樸生活美德制度化，自然會享有被讚譽的美名，有了美名就更需要潔身自愛。

夫亦將知止，知止所以不殆

執政者能知道杜絕個人奢靡享樂的私慾，如此一來，自然能端正社會風氣，「有道之君」的美名就能載入歷史、永垂不朽。

譬道之在天下，猶川谷之於江海

提倡古樸生活美德是治國基本之道，它具有符合天下民心趨勢的普世價值，猶似川谷之水，能自然順勢流向大江大海。

本卷經文之內容可謂一針見血、直指人心，一個人德行是否有道？不是口頭上說了就算數，而是要身體力行、持之以恆，老子主張提倡古樸的生活美德，是每一位國家領導人最基本的治國之道。如同《管子・牧民》載曰：禦民之轡衘，在上之所貴；道民之門，在上之所先；召民之路，在上之所好惡。

一個國家的最高權力掌舵者，具有最大的權威，沒有人敢輕易去違抗或是譴責，綜觀歷史，自古以來不體恤民情、生活奢侈腐化、行徑放縱私欲之昏君，世代無遺不勝枚舉；故而《管子・權修》載曰：「地之生財有時，民之用力有倦，而人君之欲無窮，以有時與有倦，養無窮之君，而度量不生於其間，則上下相疾也；故取於民有度，用之有止，國雖小必安，取於民無度，用之不止，國雖大必危」。

漢文帝（公元前 202 年一前 157 年），名劉恆，是漢朝的第四個皇帝，漢高祖劉邦之子，文帝恭行仁孝，生活質樸簡約，是中國歷史上少有的賢君之一；古人原先多穿草鞋，漢文帝時已有布鞋，而他還是穿著草鞋就上殿理政，不僅如此，漢文帝還經常穿「綈衣」，這是一種用次級品質絲物做成的衣服，衣服破了就縫縫補補再穿，他對身邊的人也要求嚴格，比如規定嬪妃們衣服的下擺不准拖到地上，以節約衣料，宮廷帷帳不准有刺繡花邊。

他下詔禁止郡國貢獻奇珍異物，從此貴族官僚不敢奢侈無度，從而減輕了人民的負擔；甚至規定他日後的帝王陵寢，只能以瓦器修建，不准用金銀珠寶，更在遺詔中規定，反對厚葬之儀，且三天後，臣民一律脫去喪服，也取消大喪期間百姓不得婚嫁、飲酒、吃肉之禁令。

漢文帝是中國歷史上第一位經由推選出來的皇帝，他和繼位漢景帝同時創造了中國歷史上第一個盛世，史稱「文景之治」，奠定了後來繼位的漢武帝，將漢朝推上顛峰的基礎。西漢時期之刑法沿用了秦代「黥、劓、刖、宮」四種肉刑，後來因為出現「緹縈救父」的感人事蹟，漢文帝接獲緹縈上書陳情，深受其孝心所感動，於是下詔廢除了肉刑法。

漢文帝與皇后竇太后尊崇道家，因此漢景帝與竇氏宗族都跟隨學習道家學說，文景二帝大行道家的清靜無為治世之法，與民休養生息、減少刑罰、減少賦稅、減輕繇役、興修水利、提倡農業，並要求重審人心不服的案子，避免發生冤獄之情事，百姓在和諧安穩環境下，生活逐漸富裕、豐衣足食、安居樂業，天下太平安定祥和，是中華文明邁入帝國時代後的第一個盛世之治。

卷 三十三

知人者智，自知者明
勝人者有力，自勝者強
知足者富，強行者有志
不失其所者久，死而不亡者壽

知人者智，自知者明

能知人善用，這是一種智慧；
能自知反省，這是一種清明。

勝人者有力，自勝者強

想要勝過他人，就要有豐沛的實力；
想要戰勝自己，就要有堅強的意志。

知足者富，強行者有志

懂得知足常樂的人，必有樸素富饒的心性；
能夠履行承諾的人，必有遠大志向的胸襟。

不失其所者久，死而不亡者壽

不失去人性內在的價值觀，生活的美德就能恆定維持長久；
它並不會隨著生命的終結而消失，它的精神能夠長壽永存。

夏朝時候，一個背叛的諸侯有扈氏率兵入侵，夏禹派他的兒子伯啟抵抗，結果伯啟打敗了。他的部下很不服氣，要求繼續進攻，但是伯啟說：「不必了，我的兵比他多，地也比他大，卻被他打敗了，這一定是我的德行不如他，帶兵方法不如他的緣故。從今天起，我一定要努力改正過來才是。」從此以後，伯啟每天很早就起床工作，粗茶淡飯，照顧百姓，任用有才幹的人，尊敬有品德的人。過了一年，有扈氏知道了，不但不敢再來侵犯，反而自動投降了。

孟子曰：「伊尹耕於有莘之野，而樂堯舜之道，非其義也、非其道也，祿之以天下，弗顧也」。孟子說夏朝末年，有一個名叫伊尹的大賢人，在有莘國的郊野裡耕田種菜，他很熱衷學習唐、堯、虞、舜的治國之道，凡是不合於義的，和那違背於道的事，就是給了他天下的俸祿，他也不會回頭來看一眼，堪稱是一位典型「知足者富，強行者有志」的模範人物。

「伊尹」是商朝開國大功臣可算是政治風雲人物，他不僅幫助商湯推翻暴虐無道的夏桀，建立起了長達六百年的商朝帝國，還輔佐商湯、外丙、仲壬、太甲、沃丁五代君王，在朝五十餘年，可謂功勳彪炳。

伊尹（公元前 1649 年－前 1549 年），因其母曾在伊水居住，以伊為姓，尹是他的官名，所以稱為「伊尹」，他出生時遭遇洪水，獲救後被有莘國的御廚收養，伊尹在御廚撫養下長大，學得一手烹調的好絕技，由於他天資聰穎又勤奮好學，深諳聖賢治國之道，可惜有莘國君主並無雄心壯志。

有一回商湯的左相仲虺，來到有莘國作客，無意間發現伊尹不但才智出眾，而且具備賢人般的德行風範；回國後，仲虺就馬上向商湯舉薦伊尹，這是「知人者智、自知者明」的體現；求賢若渴的商湯立即派了一名使臣來邀請伊尹，使臣到了有莘國後，尋訪許久，好不容易在一處偏僻角落，看見又黑又矮，蓬頭垢面的伊尹正在廚灶燒柴，使臣實在看不出他有什麼出眾之處，不由得顯露出一副傲慢無禮的態度，而且用輕視侮蔑口吻問：「你就是伊尹吧，你的運氣來了，我們大王，想邀請你入宮，趕快收拾東西跟我走吧。」伊尹見使臣這般傲慢無禮，便從容地回答：「我伊尹，雖然貧寒，但我有田種、有飯吃，還會燒得一手好菜，日子過得像堯舜一樣痛快，為什麼要去見你們商王呢」？

商國使臣自討沒趣，不但有辱使命，還碰了一鼻子灰、顏面掃地，只好垂頭喪氣敗興而歸。

有莘國的國君，聽說商湯派使臣專程來聘請伊尹，深怕伊尹去到商國一展政治長才，未來恐有不利於己的疑慮，於是就找藉口，把伊尹抓了起來，後來，仲虺親自來有莘國聘請伊尹，此時的伊尹已失去了人身自由，關押在囚牢中。

仲虺擔憂伊尹性命安危，急速奔回商國，把伊尹的處境向商湯彙報了一遍，商湯十分嘆息又失望，後來，仲虺想出了一個主意，便對商湯建議向有莘國求婚，讓伊尹作為「陪嫁奴隸」的身分，伴隨有莘國公主一起來到商國指導廚藝，這樣不僅可以請來伊尹，而且可以使有莘國免除疑慮，商湯表示贊同，馬上派人到有莘國去求婚，有莘國君主不疑有他，便欣然答應了商湯的要求，於是伊尹以「陪嫁奴隸」的身分來到了商國，展開了一段輝煌的人生故事。

有關「伊尹放太甲」典故，在《史記‧殷本紀》中記載：「帝太甲既立三年，不明，暴虐，不遵湯法，亂德，於是伊尹放之於桐宮，三年，伊尹攝行政當國，以朝諸侯；帝太甲居桐宮三年，悔過自責，反善，於是伊尹乃迎帝太甲而授之政，帝太甲修德，諸侯咸歸殷，百姓以寧」，這是太甲「勝人者有力，自勝者強」的寫照。

根據文章描述，太甲是伊尹輔佐的第三位帝王，他即位後三年間，不夠賢明又暴虐無道，違背祖德而且不遵從商湯留下的法制，於是伊尹就把太甲放逐到了桐宮；之後三年，伊尹代君王執政治理國家；而太甲在桐宮三年裡，也不斷反省改過自新，逐漸培養出明君的氣度與風範。於是，伊尹親自去迎接太甲，重新把大權交給他；太甲再次即位後，廣施德政，各諸侯國都歸順商朝，百姓安居樂業。

伊尹在輔政期間，主張以「調和五味」等烹飪方面的方法來治國，他把商朝治理得很好，經濟繁榮，政治清明，可謂國力強盛，老子在卷六十所言之「治大國若烹小鮮」，顯然善用了伊尹「調和五味」之說，有關伊尹事蹟在《孟子》、《左傳》等書中的記載，內容大致基本相同，可見伊尹事蹟內容在先秦時期流傳很廣泛。

卷三十四

大道氾兮，其可左右
萬物恃之以生而不辭，功成遂事而弗名有
衣被萬物而弗爲主，則恆無欲，可名於小
萬物歸焉而弗知主，則恆無名，可名於大
是以聖人終不爲大，故能成其大

大道氾兮，其可左右

大道主宰著天地運行，它猶如水量充沛的河流，流經之處皆能順勢為河岸兩邊的生態，創造出無限生機。

萬物恃之以生而不辭，功成遂事而弗名有

萬物都依循大道法則繁衍生存，而且不曾間斷；萬物都是大道不斷運行與發展的產物，而它卻從來不佔為私有。

衣被萬物而弗為主，則恆無欲，可名於小

執政者效法大道，善盡職責利養天下百姓，而不圖一己之私，能恆常維持無私之欲，他的美名也算是小有成就，歷史必然會留下記錄。

萬物歸焉而弗知主，則恆無名，可名於大

有人能得到天下百姓眾望所歸的讚譽，必是因為他奉行大道，而不是因為他掌握大權；能恆常維持無私奉獻的名聲，他的豐功偉業，必然能留下偉大的紀錄。

是以聖人終不爲大，故能成其大

所以聖人之能成為大道奉行者，正是因為他們可以做到大
公無私，而且從不居功自大，因此他們高尚情操的人格特
質，能成為天下人所敬仰的偉大人物。

《大道》是老子的宇宙觀，如經卷第二十五之所言，「域中有四大，而人居其一焉」；無奈人性之惡，主掌生殺大權者，經常為了一己之私、追求強權霸主之功名與地位，而四處征戰殺戮，嚴重違逆了《大道》生生不息之自然法則，例如：戰國時期，秦將白起屠殺趙國戰俘四十萬人；日本南京大屠殺約有三十萬人遇難；德國納粹大屠殺，猶太裔就有六百萬人、非猶太裔有五百萬人，受害人數高達約一千一百萬人；時至今日，全球各地依舊戰火煙硝未歇，「世界和平」彷彿是孫悟空頭上所戴的金箍咒，只是會念咒語的唐僧，不見蹤影。

春秋中期，中原地區形成晉、楚二強爭霸的局面，由於兩國長期對峙經常發動戰爭，兵禍連年，周邊一些小國及人民飽經戰亂牽連所苦，尤其是鄭、宋兩個小國受害最嚴重，他們是晉、楚二強相互爭奪併吞的目標；公元前 579 年，宋國大夫華元首先倡導和平，發起《弭兵運動》謀求晉楚二國休兵和好、訂盟互不侵犯，可惜為時三年，因楚國背約而結束。

二十餘年後，公元前 546 年，宋大夫向戌再次倡導弭兵之盟，此後四十年間，晉楚未再發生戰爭，各國得以維持暫時和平。

「弭兵運動」對春秋歷史產生了很大影響，是中國歷史進程的一個重大事件，宋國作為弱小國家在春秋政治舞臺上，能扮演著如此重要角色，宋大夫華元、向戌是「萬物歸焉而弗知主」的最佳寫照。

五代十國時期，公元 907 年，吳越國開國君王「錢鏐ㄌㄧㄡˊ」，於後梁開平初年被封為吳越王，定都杭州，錢鏐在位期間，勤政愛民、修建錢塘江海塘又在太湖流域普造堰閘，以時蓄洪不畏旱澇，有利於發展農業經濟；他還在城內開鑿民生飲用的百口水井，杭州現代百井坊巷原有 99 眼井口，就開鑿於此時；錢鏐崇信佛教，前後修建了不少寺院佛塔，其中著名的靈隱寺、淨慈寺、昭慶寺、高麗寺等佛教寺院，以及雷峰塔、六和塔、保俶塔、閘口白塔和臨安功臣塔等都是在吳越國時期興建或擴建的，使得杭州在當時就有「佛國」之稱。

錢鏐在政治上，採取棄武從文「保境安民」的政策，由於吳越國小力弱又與鄰近的吳、閩政權不和，只能投靠中原王朝，並不斷派遣使者進貢以求庇護，先後臣服於後梁、後唐；後來面對北宋趙匡胤的強大武力進逼，錢鏐的繼位孫子「錢弘俶ㄔㄨˋ」，為了貫徹先祖「保境安民」政策，落實保護百姓的生命財產安全，於是忍痛做出了犧牲的抉擇，他捨王位換太平、自願放棄吳越王位，尊趙氏為帝，吳越國也成為當時唯一沒有被戰火波及的國家，當年趙匡胤南征北戰建立北宋時，憑藉其強大武力消滅了八個國家，吳越國不但沒有被消滅，其富庶文化底蘊還完整保留至今，錢氏王朝堪稱「曲則全」的最佳典範。

卷 三十五

執大象天下往，往而不害
安平太，樂與餌，過客止
道之出言，淡乎其無味
視之不足見，聽之不足聞，用之不足既

執大象天下往，往而不害

期待天下太平祥和的氣象，是天下民心所嚮往的，百姓嚮
往能遠離戰火的危害。

安平泰，樂與餌，過客止

人們都希望社會安定、政治和平、國泰民安；當一個國家
安定祥和，百姓必然歡欣鼓舞、糧食豐收充足，讓外地來
的過路客，都捨不得離開而想定居下來。

道之出言，淡乎其無味

聖人之道，乃在教導世人要「淡泊名利」，並且體現「大
公無私」的美德，這種生活美德沒有媚俗的品味。

185

視之不足見

生活若能培養「淡泊名利、大公無私」的美德，沉迷物質享樂的私欲，自然會逐漸消失。

聽之不足聞

志向若能秉持「淡泊名利、大公無私」的美德，當下充斥名利誘惑的聲音，自然會逐漸銷聲匿跡。

用之不足既

處事若能貫徹「淡泊名利、大公無私」的美德，彼此沒有徇私枉法的行為，自然不用去追究罪責。

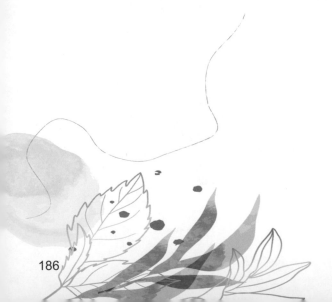

「象」在中國傳統文化中是吉祥、太平的象徵，牠性情溫和、知恩圖報，一直深受中國人的喜愛；傳說五帝之一的舜帝是中國歷史上，馴服野象耕田犁地的第一人，他死後陵墓前曾出現大象刨土、彩雀銜泥的瑞兆，這應該是「太平有象」最早的傳說；在中國傳統文化當中，「象」和「祥」是諧音，所以被賦予了更多的吉祥象徵，此後世人把「太平有象」用圖畫、雕刻等形式表達出來，寓意天下太平、五穀豐登。

北宋著名文學大家「蘇軾」（公元 1037～1101 年）在其作品的《山村五絕》題有：「無象太平還有象，孤煙起處是人家」之佳句；南宋著名詩人陸遊（公元 1125～1210 年）在其作品的《春晚村居》題有：「太平有象無人識，南陌東阡撥麰香」之佳句，在在都傳達了人民安定的生活，便是太平祥和的徵兆之象。

北宋五子之一的著名理學家・張載（公元 1020 年～1077 年）有句至理名言：「為天地立心，為生民立命，為往聖繼絕學，為萬世開太平」。

阿育王（公元前 304 年～前 232 年）是古印度孔雀王朝的第三代國王，在他統治時期，完成了印度半島的統一，是孔雀王朝帝國最鼎盛時期，此時，阿育王突然一夜之間，大澈大悟，他轉變了原有的治國方針，不再「窮兵黷武」放棄了一切侵略性的軍事行動，並致力於政治穩定和發展經濟文化，堪稱印度古代一位傑出的政治家，他執政時期被尊稱為印度的「黃金時代」。

當時的佛教只不過是古印度沙門思潮中的一個小流派，但是阿育王帶頭皈依佛門，並且把佛教提升為國教，在摩崖和阿育王石柱上銘刻敕令和教諭，要求人們節制欲望、清淨內心、不殺生、不妄語、多施捨、尊敬父母和師長，並按照公認的社會道德規範善待親友和奴僕；他雄霸形象也瞬間變成了慈悲為懷的仁愛之君，直到現在，印度三色國旗中的圖案是阿育王輪，國徽也是阿育王石柱上四獅一身的雕像，足見他對印度後世的影響程度。

分享《達賴喇嘛》一段智慧語錄：「轉化心念是為了找到快樂，培養智慧與慈悲心；將焦點從自身轉移到其他人，把對自己的關心轉化成為對別人的關懷，培養關心他人幸福快樂的想法，你的生命將會立即開展」。

卷 三十六

將欲歙之，必固張之
將欲弱之，必固強之
將欲去之，必固舉之
將欲奪之，必固予之
是謂微明，柔弱勝剛強
魚不可脫於淵，國之利器不可以示人

將欲歙ㄒˋ之，必固張之

要將武力鎮壓百姓的欲望收斂起來，必先鞏固民心，擴張
利養百姓的仁愛德政。

將欲弱之，必固強之

要將貪圖自私自利的欲望虛弱淡化，必先鞏固心性，強化
大公無私的奉獻精神。

將欲去之，必固舉之

要將企圖征戰稱霸的欲望去除殆盡，必先鞏固仁義，推舉
聖人治國的價值理念。

將欲奪之，必固予之

要將百姓為非作歹的欲望剝奪消滅，必先鞏固律法，賜予
安定祥和的社會秩序。

是謂微明，柔弱勝剛強

這是執政者一種微妙清明的智慧，稱之「微明」；採用懷柔的安民良策，遠勝過於採取剛硬的強勢手段。

魚不可脫於淵，國之利器不可以示人

如同魚類無法脫離水源而存活，國家也無法脫離百姓而存活，國家強大利刃武器，是用來保護百姓，而不是用來危害生命。

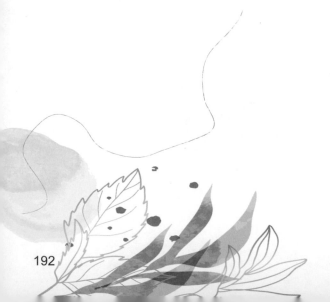

2019 年全球陷入 COVID-19 冠狀病毒疫情危害，為了防止疫情急速擴大蔓延，各國紛紛採取防範措施、鎖國封城、禁止舉辦大型活動、人人配戴口罩，這是人類有史以來，所展現難得一見的大團結現象，歷經數年共體時艱，時至 2023 年 2 月根據世界衛生組織 WHO 統計數字顯示，全球因新冠肺炎染疫人數已達 6 億 7 千 3 百萬人次、死亡人數已超過 665 萬人；然而病毒變異一波又一波來襲，各國面對防疫措所引發的民生經濟壓力，考驗著世界各國領袖危機處理的應變能力，為了緩解這場風暴所帶來的經濟衝擊與連鎖效應，選擇「和病毒共存」，變成了一個選項，它似乎是人類面對這場浩劫唯一的答案。

於此同時，烏克蘭境內依舊戰火未熄，在人性野蠻的面向中，似乎沒有「與敵人共存」的選項，烏克蘭那些飽受戰火波及無辜犧牲的百姓，他們生命脆弱到不如病毒的生存權，可見人性之惡有著極度徹底野蠻性，而這一切造化皆源自於人性之私，難怪老子他老人家對戰爭如此強烈反感，並語重心長的告誡世人：「國之利器不可以示人」。

分享《佛光山・星雲法師》一段智慧語錄：人生是一場無止境的馬拉松競賽，從幼稚園、小學讀書開始就需要比賽，考試制度就是一場競賽；慈悲、喜捨、樂觀、進取、精進、慚愧、內省、公德、無私、正義，這十門功課你能戰勝自己嗎？所謂戰勝自己，就是戰勝私欲、戰勝執著、戰勝愚昧、戰勝無明，如果你能化私為公、化執為捨、化愚為智、化無明煩惱為菩提正覺，你就是一個戰勝自己的人。

禪宗四祖道信禪師當初參訪三祖僧璨禪師時，請求僧璨禪師為其開示解脫法門，僧璨禪師反問道信：「誰束縛你？」道信想了一想，說：「沒有人束縛我」。僧璨禪師說：「既然沒有人束縛你，你又何必另求解脫法門呢？」可見我們都是「自我束縛」，自己障礙自己。

明代哲學家・王陽明：擒山中之賊易，捉心中之賊難，自己的敵人在自己的心中，心外的敵人容易對付，心中的敵人不容易降服，所以《金剛經》要佛學弟子「降伏其心」，能夠降伏其心，才能降伏自己的敵人，也就是我們自己！

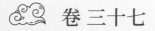 卷 三十七

道常無爲，而無不爲
侯王若能守之，萬物將自化
化而欲作，吾將鎭之以無名之樸
無名之樸，夫將不欲
不欲以靜，天下將自定

道常無爲，而無不爲

一個人心中有《聖人之道》的知見，就能經常體現出「大公無私」的行為美德，不與人發生任何爭奪私利的衝突，做事自然能得心應手，而不會有所窒礙。

侯王若能守之，萬物將自化

諸侯君王若能守道奉行，即使他有萬念的私欲，都能自然化解斷念。

化而欲作，吾將鎭之以無名之樸

當自私的欲望得到化解之後，追求霸業功名的欲望就會開始蠢蠢欲動，我會效法古人樸素自然、淡泊名利的態度，去鎮壓對治這種追求霸業功名的欲望。

無名之樸，夫將不欲

若能懷抱不追求霸業功名的樸素美德，你就能做到真正無私無欲的境界。

不欲以靜，天下將自正

侯王一旦奉行大道，任何征戰稱霸的欲望就不會再出現，大家和平共處、寧靜生活，天下自然會朝者正道方向發展。

本卷是分析成道之路，所歷經淬鍊的三部曲，其一就是先
要具備《道》的知見，才能恆常維持大公無私的行為美
德；其二就是說明一旦行為有了成就之後，伴隨評價讚譽
而來的名聲，很容易讓人因此心生驕傲，如同出家人所言
的「貢高我慢」，而衍生出享譽美名的驕傲之心，因此必
須以「樸素自然」之道來對治心性，才不會落入「自伐無
功」的窘境；其三則是明確指出當心性皆獲得降伏之後，
心境會進入一種「無私無欲」的寂靜狀態，而成為天下人
端正行為的學習典範。

春秋戰國時期是「奴隸制社會」轉型為「封建制社會」重
要時期，當時「先秦諸子、百家爭鳴」，可以說是中國歷
史上最為輝煌卓越的思想大解放，據《漢書・藝文志》記
載，數得上名字的就有 189 家，一共有 4324 篇著作，而
根據《隋書・經籍志》、《四庫全書總目》記載「諸子百家」
則有上千家之數，但流傳較廣、影響較大、較為著名的不
過十二家而已，其中以「法家、儒家、道家、墨家」這四
個學派最為後人所熟知，其後尚有陰陽家、小說家、農家、
雜家、縱橫家、兵家、醫家、名家等學派，也算是當時流
傳比較廣泛的思想學說。

老子所處春秋時代已進入大國併吞小國的高峰期，大國諸侯為了合理化自己侵犯的行為，都對外宣稱自己是聖人治國，這是一個非常嚴肅又充滿詭辯的現象，因此老子才會在其經卷中，不厭其煩地強調聖人所應具備的行為美德與人格特質，所謂百家爭鳴，無非是各家學說，都強調自己所主張之道，才是天下王道，如是而已。

經卷五十四有曰：「以身觀身、以家觀家、以鄉觀鄉、以邦觀邦、以天下觀天下」，老子當時在周天子王朝擔任官職，他老人家從天子宏觀天下格局的客觀立場，反而得以冷靜分析比較出各國「諸子學說」相互爭鳴的癥結所在，並且點出各國諸侯都陷入「以小觀大、以邦觀天下」的思維盲區，故而經卷六十四又曰：「天下皆謂我道大，似不肖」。

分享《詹姆斯‧艾倫》一段智慧語錄：「當你能夠成功地控制自己的思想和衝動時，就能感覺到一種新的靜默之力隨之一起成長，一種鎮靜的力量將與你同在；從那以後，你的潛力將得到無限發揮，以往的混亂將對你失去作用，你現在所擁有的只是成功後的平靜與自信」。

下篇——

經文

上德不德，是以有德；下德不失德，是以無德
上德無爲而無以爲，下德爲之而有以爲
上仁爲之而無以爲，上義爲之而有以爲
上禮爲之而莫之應，則攘臂而扔之
故失道而後德，失德而後仁
失仁而後義，失義而後禮
夫禮者忠信之薄，而亂之首也
前識者，道之華而愚之始也
是以大丈夫處其厚，不居其薄
處其實，不居其華，故去彼取此

上德不德，是以有德；下德不失德，是以無德

上德之人不以有德自居，因此他的德行會被人們所肯定；
下德之人常以有德自居，因此他的德行會被人們所質疑。

上德無爲而無以爲；下德爲之而有以爲

上德之人利益他人的行為是無私奉獻，而且不侷限於對象；
下德之人利益他人的行為是存有目的，而且局限某些對象。

上仁爲之而無以爲；上義爲之而有以爲

上仁之人其行為影響層面廣泛，是一種捨己為人的博愛精神；
上義之人其行為影響層面狹隘，他只忠於自己所認定的對象。

上禮爲之而莫之應，則攘臂而扔之

上禮之人其行為影響層面是表象的，這種行為不屬於德行的範
疇，下位者即使內心裡充滿憤怒與不滿，在上位者面前仍然得
遵守禮儀。

故失道而後德，失德而後仁，失仁而後義，失義而後禮

所以執政失道，講究德行就顯得格外重要；
一旦執政失德，講究仁愛就顯得格外重要；
倘若執政失仁，講究信義就顯得格外重要；
若是執政失義，講究禮制就顯得格外重要。

夫禮者，忠信之薄而亂之首也

以「禮」治國是很不務實的政治理想，它可以很容易讓忠信薄弱之人，利用「禮」來掩飾圖謀不軌之企圖，這也是天下大亂之根源所在。

前識者，道之華而愚之始也

前人所制定的禮儀規範，讓禮儀之道看起來非常華麗而莊重，殊不知這種階級制度的價值觀，正是統治者陷入愚蠢的禍根。

是以大丈夫處其厚，不居其薄

因此大丈夫喜好跟德行敦厚的人相處，不喜好交往德行薄弱的偽君子。

處其實，不居其華，故去彼取此

大丈夫處事作風非常果斷踏實而且正直，不會講究浮華不實的尊貴禮儀，所以統治者都應該具備大丈夫的風範。

本卷經文老子所言「夫禮者，忠信之薄而亂之首也」，並非否定「禮」的價值觀，而是分析「禮」行為背後所隱藏的二種意識形態，當一個人若心懷不軌亦可表現出合乎於「禮」的行徑，這就是「兵不厭詐」之詭術，此其一也；倘若一個人連基本之「禮」都不能遵守，足見其「叛逆之心」已昭然若揭，此乃觀人之術，其二也，故而曰：「禮，為亂之首也」。

老子明確指出「治國之道」的優劣順序，以「禮」治國乃下下之策、非上善之道。「禮」是人性最後一道防線，「禮」若失守，表示國家人心不安、內亂必然叢生不窮，他甚至毫不客氣評價《周禮》實施階級統治的最大敗筆，就是完全漠視百姓生活的基本權益，這是衍生民心逐漸背離天子的潛藏禍根，也是天下陷入長期紛爭不斷的最大隱患。

其實周公當初制禮是「貴賤有別、上下有序」極具權威性與嚴肅性的行為規範體系，除了鞏固政權之外，對當時社會秩序也起到了積極的作用，可惜到了春秋時期，周朝那套禮儀規範已失去它原本的內在本質，而逐漸演化成為一種華而不實的外在化形式。

西周亡國天子周幽王因「烽火戲諸侯」被西戎破城，而斷送了性命；太子「宜臼⃛」在烽火戰煙中登上王位，他就是周平王，後來晉、衛、秦、鄭四國聯合破戎、收復都城鎬京，此時鎬京已失去往日繁華景象、處處殘垣斷壁，於是公元前770年周平王決定東遷定都洛邑，史稱「東周」；當時秦國諸侯「嬴開」對鎬京這塊豐腴之地、覬覦已久，喜上眉梢趁機將鎬京以及那些沒有跟隨平王遷都的人民，都納歸己有，奠定了秦國日後爭霸的雄厚根基。

東遷之初，大小諸侯國達到一百四十餘國，這些國家都有自己的軍隊，可以拱衛王室、亦可隨時反戈一擊，所以周平王必須依賴相鄰的晉鄭二國來撐持大局，鄭莊公也因此挾天子之威，大肆干預周室朝政，而且明目張膽為鄭國謀求私利，他行徑不但大膽僭越禮制，氣勢更凌駕於天子之上，此乃「禮為亂之首也」的表象徵兆，史學家評斷鄭莊公「光明正義如孔子、荒淫無道如商紂」。

後來天子與鄭莊公關係逐漸惡化，但是礙於周王室威儀衰頹，周平王只能不斷地隱忍退讓，他在臣子建議之下，無奈提出交換太子作為雙方互信的承諾，也就是把太子抵押給對方，稱之為「質子」，這種互信的承諾機制，一直沿用到戰國時期，秦始皇嬴政他的父親子異，當年就是在趙國邯鄲做人質的秦國公子，秦始皇嬴政就是在這段期間出生於趙國邯鄲。

按照周禮之制，大的城邑城牆不能超過國都的三分之
一，中等的不能超過五分之一，小的不能超過九分之
一；鄭莊公之胞弟叔段所管轄京邑的城牆，超過鄭國都
城之高度，對此，大夫祭仲向鄭莊公進諫：如今京邑的
城牆不合法度，非法制所允許，恐怕會對您不利。果然
鄭莊公二十二年（公元前 722 年），叔段突然率軍偷襲
鄭國都城，最終鄭莊公贏得勝利，他平定胞弟叔段的叛
亂，消弭了國家內患，這又是一樁「禮為亂之首也」所
呈現出來的徵兆。

同樣事件也出現在魯國「三桓之亂」，魯莊公主政時期
（公元前 693 年～前 662 年），孟孫氏、叔孫氏和季氏分
別是魯國勢力最大、專權時間最長的三大世家，他們與
魯莊公都是魯桓公之子；孔子周遊列國之前，初仕魯國
輔佐於魯定公（公元前 556 年～前 495 年），孔子見三
桓管轄之城牆高度，都遠勝過魯國都城，便知此三人早
有謀逆之心，於是提出策劃實施「墮三都」的政治軍
事行動，希望能夠削減三桓麾下的實力，孔子成功墮了
叔孫氏和季氏二都，三都雖墮其二，唯獨孟孫氏早有防
備頑強抵抗，最終功敗垂成，史稱「三桓之亂」。

卷 三十九

昔之得一者，天得一以清，地得一以寧
神得一以靈，穀得一以盈，萬物得一以生
侯王得一以爲天下貞，其致之也
天無以清將恐裂，地無以寧將恐發
神無以靈將恐歇，穀無以盈將恐竭
萬物無以生將恐滅，侯王無以貞將恐蹶
故貴以賤爲本，高以下爲基
是以侯王自謂孤、寡、不穀，是其以賤爲本也
非歟，故數至輿無輿
不欲琭琭若玉，珞珞若石

昔之得一者，天得一以清，地得一以寧

昔日聖王愛民如子、貫徹如一，施政自然有道；
上天之道風調雨順、維持如一，氣象自然清明；
大地之道四平八穩、恆常如一，載物自然安寧。

神得一以靈，穀得一以盈，萬物得一以生

祭祀之道虔誠禮敬、始終如一，神明自然靈驗；
耕耘之道配合天時、奉行如一，穀物自然盈滿；
萬物之道順應法則、恪守如一，生態自然平衡。

侯王得一以爲天下貞，其致之也

侯王若能奉行大道、貫徹如一，天下自然永貞、安定祥
和， 這是成為一位聖明君王，不可或缺的先決條件。

天無以清將恐裂，地無以寧將恐發

上天一旦無法維持清明，洪水荒災的氣象恐將潰裂；
大地一但無法維持安寧，山河崩毀的地震恐將爆發。

神無以靈將恐歇，穀無以盈將恐竭

神祈一旦無法維持靈性，祭祀大典的儀式恐將歇止；
穀物一旦無法維持豐收，儲存五穀的糧倉恐將枯竭。

萬物無以生將恐滅，侯王無以貞將恐蹶

萬物一旦無法維持生存，物種繁衍的傳承恐將滅絕；
侯王一旦無法維持永貞，執掌權勢的地位恐將止蹶。

故貴以賤爲本，高以下爲基

所以國家尊貴的資本，是來自百姓納稅的貢獻；權勢居高的
基礎，是來自百姓團結的力量。

是以侯王自謂孤、寡、不穀，是其以賤爲本也

因此侯王謙卑以「孤」、「寡」、「不穀」自稱，他這樣也算是
一位懂得「以賤為本」的聖明之君嗎？

非歟ㄩˊ，故數至輿無輿

當然不算，而是要數一數百姓對他施政的績效有多少「正面評價」？有多少「負面評價」？

不欲琭琭若玉， 珞珞若石

侯王若不追求自私自利的欲望，他這種德行就猶如寶玉一般珍貴，猶如一塊尚未雕琢的璞玉。

「孤、寡、不穀」是先秦時期帝王慣用自謙稱謂，少而無父者謂之「孤」，在古代繼位者想要登上王位，必須等到先王駕崩之後，才有機會登基，故而自稱「孤家」；而「寡」是少的意思，古人講究謙虛美德，所謂「寡人」就是謙稱自己是德薄之人。

至於「不穀」，《詩經‧蓼莪》：「南山烈烈，飄風發發，民莫不穀，我獨何害！」意思是說，南山高峻難逾越，飆風淒厲令人怯，百姓沒有不幸事，為何只有我獨自遭此劫？因此推測「不幸事」應該隱喻登基是不幸之事，亦是自謙之辭，如《楚語上》載記：「恭王有疾，召大夫曰不穀不德，失先君之業，覆出國之師，不穀之罪也」，所以「孤寡、不穀」這些字眼，其實也有一人獨尊的權威意涵，孤家寡人在秦代之前，王侯大臣都可以使用此稱謂，到秦代以後，就逐漸形成了王侯的專用名詞。

《中國古代的廉政文化》一書中，提到「民本觀念」是中國古代倡導的根本從政價值理念，價值觀是思想的靈魂，民本觀念是中國廉政思想的基石，夏啟廢禪讓建立家天下，宣揚「有夏服天命」的天命觀，但是夏啟兒子太康即位後，就沉迷遊樂、不理朝政、結果被放逐，是時《五子之歌》諷之曰：「皇祖有訓，民可近、不可下；民惟邦本、本固邦寧」，這是關於民本思想的第一次吶喊。

夏商繼亡，西周汲取前朝政治教訓，提出「敬德保民、以德配天」，所謂「聿修厥德，永言配命，自求多福」，其中「德」包括敬天、敬宗、保民三方面，尤其要懷保小民，舍此難保天祚，春秋戰國的動盪，彰顯了民心向背的力量，「貴以賤為本、高以下為基」，唯人是保而利於主，國之寶也。

《戰國策・齊策》是記載古代民本思想的史料，它強調任用和表彰賢德之人，在治理國家過程中重要意義；《齊策四》之篇章曰：易傳中這樣講，身居高位而才德不濟，只一味追求虛名的，必然驕奢傲慢，最終招致禍患，因此無才無德而沽名釣譽的會被削弱、不行仁政卻妄求福祿的要遭困厄、沒有功勞卻接受俸祿的會遭受侮辱，可以說是禍患深重。

所以居功自傲不能成名，光說不做難以成事，這些都是企圖僥倖成名、華而不實之人，正因如此，堯有九個佐官，舜有七位師友，禹有五位幫手，湯有三大輔臣，自古至今，還未有過憑空成名的人；因此，君主不以多次向別人請教為羞，不以向地位低微的人學習為恥，以此成就道德揚名後世，唐堯、虞舜、商湯、周文王都是這樣的人。

周文王（公元前 1152 年～前 1056 年）在位期間克明德慎罰、勤於政事、禮賢下士、廣羅人才、重視發展農業生產，拜姜子牙為軍師，問以軍國大計，使「天下三分，其二歸周」，相傳現在通行之《易經》及《後天八卦》皆為周文王所著，孔子尊稱文王為「三代之英」。

分享《詹姆斯‧艾倫》智慧語錄：「當你從較低的思想境界，進入較高的思想境界時，你會逐步地進入知識的殿堂，因此每一個錯誤、每一個自私的慾望、每一個人類的弱點，都可以用冥想的力量去克服，每種罪、每個錯誤都會變成改變的推力，最後更清晰的真理之光，將照亮思想者的靈魂」。

卷四十

反者道之動，弱者道之用
天下萬物生於有，有生於無

反者道之動，弱者道之用

執政者一旦違背民意暴虐失道，勢必會觸動「有道之士」的
群起反撲；弱者在「有道之士」號召作用下，將會凝聚形成
一股新生的堅固力量。

天下萬物生於有，有生於無

天下萬物所表現出來「強與弱」的動態行為，都會產生「善
與惡」有形實質的影響力；而有形實質的影響力，則是來自
於無形意識型態的作用。

本卷經文內容「言簡意賅」，解讀起來卻特別格外小心謹慎，「有道之士」所具備的一切行為美德，是一種精神特質，屬於無形意識型態的範疇，故「生而不有」或「無中生有」，它決定了一個人行為善惡之關鍵，猶如禪宗「參話頭」，如俗話所說的「先知先覺、後知後覺、不知不覺」，當察覺惡念生起，善者以「生而不有」來對治念頭，惡念斷除了，自然不會有惡的行為出現；反之，當察覺善念生起，則以「無中生有」之無畏精神落實於行動。

在夢中老子問我：眾人皆以形而上之道來解讀此卷經文，你標新立異之說，不怕成為眾矢之的？我答曰：眾人之說「循環往復是道的運動，微妙柔弱是道的作用，天下萬物都產生於有，有又產生於無。」如此描述之意境，確實充滿濃厚哲學思維，我也覺得美哉，也不排斥此說，但是如同首卷之思維邏輯，經卷真理必須「一以貫之」，不能他處之理，此處異說，故而如一也。

引用《慈濟·證嚴上人》一段智慧語錄：信，為道源功德母，長養一切諸善根，我們若有這份信心、這份功德善根，這條道路就是康莊大道；所以我們要以智慧選擇，選擇人、事、物，既然選擇之後我們就要肯定，不必再起懷疑心，這樣就對了。

我們的心充滿煩惱，常常打結解不開，所以我們要相信「正」才能善，假使不正不善，就會偏向邪與惡之道；疑惑是一種黑暗，心尚未啟發光明、智慧的光明，所以容易將光明的心門關起來，我們要常常警惕自己，不要在正確的正法中起疑惑，否則「差毫釐、失千里」。

分享一則《盲人提燈》小故事：日落後，一位四處求法的雲遊僧來到了一處村落中，返家村民們行走在漆黑的街道上，你來我往。

此時，雲遊僧走進一條更黑的小巷，他看見有一團暈黃燈光，從靜靜的巷道深處照過來。

一位村民吶喊說：「瞎子過來了」。瞎子？雲遊僧楞了一下，心想雙目失明的盲人，他根本就沒有白天和黑夜的概念，他挑一盞燈豈不令人覺得可笑嗎？

從深巷內，那燈籠漸漸近了，暈黃燈光照到了僧人的鞋上，僧人好奇的問他：「敢問施主真的是一位盲人嗎？」

那提燈籠的盲人告訴他：「是的，自從踏進這個世界，我就一直雙眼混沌」。

僧人問：既然您什麼也看不見，那為何挑一盞燈籠呢？

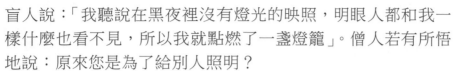

盲人說：「我聽說在黑夜裡沒有燈光的映照，明眼人都和我一樣什麼也看不見，所以我就點燃了一盞燈籠」。僧人若有所悟地說：原來您是為了給別人照明？

但那盲人卻說：「不完全是，一半是為我自己」。僧人又愣了一下：為您自己？

盲人緩緩向僧人說：您是否因為夜色漆黑被其他行人碰撞過？僧人說：「是的，就在剛才，我還不留心被兩個人碰撞了一下」。

盲人聽了，堅定地說：但我卻沒有，雖說我是盲人，我什麼也看不見，但我挑了這盞燈籠，既為別人照亮了路，也更讓別人看到了我，這樣，他們就不會因為看不見而碰撞了我。

雲遊僧聽了，頓有所悟，他仰天長歎說：「我天涯海角奔波尋找佛法，沒想到法就在我身邊，原來《法》就像一盞燈，只要我點燃了它，即使我看不見法，法也會讓別人看得到我。」

智者有言，此故事雖然很簡單，卻彷彿一瞬間點燃了我們內心深處某塊漆黑的地方，在生活中，熱愛珍惜身邊的一切，關心自己也同時關心他人，我們就會感受到那回饋而來的溫暖與快樂！

英國物理學家《麥可‧法拉第》有一句智慧名言：「像蠟燭為人照明那樣，有一分熱，發一分光，忠誠而踏實地為人類偉大事業，貢獻自己的力量」。

上士聞道，勤而行之
中士聞道，若存若亡
下士聞道，大笑之，弗笑不足以爲道
是以建言有之，明道若昧
進道若退，夷道若纇
上德若谷，大白若辱，廣德若不足
建德若媮，質眞若渝
大方無隅，大器晚成，大音希聲，大象無形
道隱無名，夫唯道，善貸且成

上士聞道，勤而行之

上等資質之士，耳聞「大道」，肯勤於學習效法而奉行。

中士聞道，若存若亡

中等資質之士，耳聞「大道」，半信半疑行動猶豫不決。

下士聞道，大笑之，弗笑不足以爲道

下等資質之士，耳聞「大道」，則不由自主的仰天大笑，不笑會讓人以為他不懂「大道」。

是以建言有之

所以有志之士，要聽取聖人的教誨，德行才能有所精進。

明道若昧，進道若退，夷道若纇

真正明白「大道」而落實於行動者，他的私欲會消失昏暗不明；進入學習「大道」而嘗試於行動者，他的私欲會緩慢逐漸消退；猶豫質疑「大道」而停滯不行動者，他的行為依舊有瑕疵癥結。

上德若谷、大白若辱、廣德若不足、建德若婾、質眞若渝

上德之人能寬恕異己，猶如山谷無私、包容萬物；
處事光明正大而無悔，猶如忍辱負重、維持公義；
廣行德政要貫徹到底，猶如唯恐不足、持之以恆；
建立美德要以身作則，猶如竊其精神、效法聖人；
聖人之德質樸而真實，猶如誓言不渝、終生受用。

大方無隅、大器晚成、大音希聲、大象無形

大道之方向，能普及天下不侷限於狹小範圍；
大道之器用，需循序漸進歷經淬鍊因此晚成；
大道之音律，不該有戰爭擊鼓鳴兵廝殺聲音；
大道之氣象，乃是自然而為並沒有固定形式。

道隱無名，夫唯道，善貸且成

大道隱形無體，它不需要讚譽的美名，它不侷限於某一種行
為或現象；每一個人在自己工作崗位上，本著善念去落實責
任，也能自然成就出一種合乎於道的行為美德。

在夢中，我對老子說：「吾乃上士也」。他老人家突然皺了一下眉頭，然後瞄了我一眼，想必對我的大言不慚，心生疑惑。

我急忙解釋：此話純屬戲言，我所謂之「上士」乃是從軍退伍時之官職，此位階於軍職屬低下者，故而打趣言之，讓您老人家見笑了。

根據《禮記》周制之官階等級，天子之下有三公、九卿、二十七大夫、八十一元士等職；諸侯國君之下有三卿、三大夫、三士等職，其中三士乃本卷所言之上士、中士、下士，屬於士者之官職等級，然而在老子眼中對於士者等級之區分，明顯以「資質根器」而論述之，這是一個歷史變革之觀點。

因為，在東周禮樂制度崩潰以後，當權者對士人的倚重，不再獨厚宗法血緣之士，而是逐漸傾向士人本身之才能，之所以會出現如此巨大變化，應該跟當時孔子所提倡教育平等的思想改革有關，使得接受教育與掌握知識不再是貴族專屬特權，庶民因此得以通過教育學習而進入士人階級，這是他們擺脫奴隸階級的最佳途徑之一，也因此激發出屬於他們自我的潛能，而成就出一番百花齊放的思想潮流。

「士」於殷商、西周時期，和平之時任「官吏」，戰爭之時為「兵卒」，乃文武相通者；進入戰國時期，則全民皆兵，士人不復有保衛國家的責任，而演變為文人官僚屬性，成為保衛文化學術尊嚴之士；「士人」也是讀書人的一種統稱，既包括貴族的讀書人、也包括沒有官銜的平民士人，士人屬於「勞心者」，故孟子曰：「勞心者治人，勞力者治於人」，充分反映了當時傳統社會對「士人」身份的推崇；而受命於天子之士稱之為「元士」，元士視附庸異於諸侯之士也，推估司馬遷《史記》中記載：「老子者，周守藏室之吏也」，有可能老子乃是以「元士」之官階任職於周室王朝。

春秋時期「士」訓事訓學，是宗法貴族等級，「上士、中士、下士」乃諸侯國之世襲爵位，是貴族身份親疏之高低，《左傳・昭公七年》載言：天有十日人有十等；人之十等為王、公、大夫、士、皂、輿、隸、僚、僕、臺，「士」上面有王諸侯、卿大夫，下面有國人、庶民、奴隸，某種程度上來說「士」代表著一種上下溝通與傳承責任，士人喜歡探討追求事物真理，並謹守個人道德修養原則與立場。

春秋時期之士人，根據自己對《道》的不同理解，進行了不同思維的詮釋與主張，他們各司其職，分散遊走於百餘大小諸侯國，而形成了百家爭鳴的局面，雖然諸子對《道》理解和闡發不盡相同，甚至大相逕庭，但他們對社會的關心卻是一致的，都在努力尋找解決戰爭之道以及應變之法。

然而百家之法適用於百家之地，未必適用於天下之大，故而老子本經卷所說之大道，可謂去蕪存菁、直指人心。夫惟不爭，天下莫能與之爭，老子立足在周天子腳下的至高點，他不與百家爭鳴，故能客觀點出百家思想之盲點，猶如「自見者不明、自是者不彰、自伐者無功、自矜者不長」之延伸解讀，而這些個人習氣某種程度上來說，也可以算是人性共通的一種弱點。

分享《詹姆斯・艾倫》智慧語錄：每種思想都是一種力量，它們有自己的性質和強度，時時接受外界影響，不斷沉澱，並產生或善或惡的反應，而思想和思想之間也會不斷影響；好的思想會以良好的狀態，反映在外部生活裡，學會控制自己思想的力量，你就能如願地塑造出自己的良好生活。

道生一，一生二，二生三，三生萬物
萬物負陰而抱陽，沖氣以爲和
人之所惡，唯孤、寡、不穀，而王公以爲稱
故物或損之而益，或益之而損
人之所教，我亦教之
強梁者不得其死，吾將以爲教父

道生一，一生二，二生三，三生萬物

諸家學說之道，元始之初皆能貫徹如一；但隨著外在條件的誘
惑與人格差異，有人會逐漸背離其道之原始理念，於是產生了
陰陽二元對立的不同氣象；又在二元對立爭議過程中，衍生出
了維持「中立」陰陽和合第三種價值觀的氣象。「道」因此一
化三生，並且各自依序循環演變，於是自然匯聚生成「萬物氣
象」之數。

萬物負陰而抱陽，沖氣以為和

面對傳承失道的萬種諸多陰陽亂象，只有奉行「大公無私」之
道，來沖氣調和，才能找回本來之面目。

人之所惡，唯孤、寡、不穀，而王公以為稱

天下百姓最厭惡「孤獨、寡居、無穀糧」的困頓生活，而王公
諸侯們偏偏喜歡以「孤、寡、不穀」自稱，但是他們卻都過著
妻妾成群、富貴無虞的奢華生活。

故物或損之而益，或益之而損

所以這種現象，是要提醒百姓自損名聲才能生活獲益？還是先讓百姓生活受益再損其名聲？

人之所教，我亦教之

其實，先聖先賢以「孤、寡、不穀」謙卑自稱，其初心立意良善，希望藉此提醒當權者能時時刻刻，莫忘百姓生活處境之困苦，所以王公諸侯們，應該依前人教誨奉行而傳承後世。

強梁者不得其死，吾將以為教父

越強壯堅硬而且不彎曲巨大樹木，越容易被砍伐用來興建宮殿大樑，它的生命因此被腰斬而不得自然善終；那些背道而馳、我行我素的王公諸侯們，應當以此為借鏡，沖氣以為和，否則下場也是不得善終。

此卷對應之道，乃是指執政者「以民為本」的治國之道，古代先聖先賢特別以「孤、寡、不穀」謙卑自稱，來闡述治國之初衷，無奈其道演化變異，造成後代繼位之王公諸侯，甚至包含天子在內，罔顧民生之苦難，可謂萬緣亂象叢生；老子藉此經文再次展現「黑色幽默」哲學造詣，他拿王公諸侯們的稱呼，來對照百姓生活困苦之窘境，並強烈譴責其行徑嚴重背離了先聖先賢之祖訓，進而以「強樑者不得善終」來隱喻暗諷霸道行徑的下場。

孔子在《論語・里仁》中有曰：「參乎！吾道一以貫之」。孔子告訴曾子，他的博學多聞是「一以貫之」而來的；北宋理學家程頤說：「物不必為事物，自一身之中，至萬物之理」。

引用《維基百科》內文：在商周時期，天子乃以「予一人」自稱，其中予也寫作「餘」意謂我一人，是天子自謙、謙讓之稱號，如《尚書・湯誓》：「餘一人有罪無以萬夫；萬夫有罪在餘一人」。

「予」最早為舜的自稱，如帝舜曰：「予欲左右有民，女輔之」；夏啟亦曰：「予誓告女，有扈氏威海五行」；而「予一人」一詞最早則由商湯作為自稱，如《尚書・湯誥》：「爾萬方有眾，明聽予一人誥」；商王盤庚也常以此自稱，如《尚書・盤庚上》中說：「聽予一人之作猷。」

秦始皇統一中國後，則以「朕」為自稱，但「予一人」後代帝王亦偶有用之，如《漢書・文帝紀》：「朕獲保宗廟，以微眇之身託於士民君王之上，天下治亂，在予一人」。

受到中國文化影響，漢字文化圈的其他國家日本、大韓民國、越南的皇帝也使用「朕」這個稱呼，如「終戰詔書」裡面昭和天皇就自稱為朕，「大越史記全書」裡面越南各朝皇帝的文書也都自稱為朕，大韓民國高麗王朝建國之初，亦採用中國相似的皇室制度。

分享古希臘哲學家《亞里斯多德》一段智慧語錄：「放縱自己的欲望是最大禍害，談論別人的隱私是最大罪惡，不知自己的過失是最大病痛；一個有德性的人，往往為朋友和國家利益而採取行動，必要時不惜犧牲自己的生命，他寧願捨棄世人所爭奪的金錢榮譽和一切財物，只求自己具備高尚的人格」。

卷 四十三

天下之至柔，馳騁於天下之至堅
無有入於無間
吾是以知，無爲之有益也
不言之教，無爲之益，天下希能及之矣

天下之至柔，馳騁於天下之至堅

「水」是天下至柔之物，它既能滋潤萬物生長，又能氣勢磅薄
馳騁天下無堅不摧。

無有入於無間

「水」被太陽蒸發變成水蒸氣消失在空中，又在空中凝聚成為
有形的雨水返回了大地，它如此遊走於天地之間從不間斷。

吾是以知，無為之有益也

我是觀察到「水」在天地間無私運行的自然法則，因此得知
「無私奉獻」的行為，確實能夠利益天下萬物的道理。

不言之教，無為之益，天下希能及之矣

它行「不言之教」、體現「無為之益」，普天之下稀少能有超
越「水」的物質。

本卷經文，老子坦率直言其「無為」之思想靈感，乃取法於水之無私奉獻精神；他老人家如此敏銳又細膩的觀察能力，真是出神入化，可謂天下希能及之矣。

在夢中，我用崇拜的語氣對老子讚曰：「無有入於無間」，這句話形容的太美了，您老人家將水在天地間變化運行的自然法則，闡述的淋漓盡致、表露無遺，既巧妙寫意又不留痕跡。

老子語氣溫和對曰：再美的話，都不能當飯吃，天下百姓的民生安危，還是要仰賴執政者秉持「大公無私」之精神，來造福天下蒼生。

《管子下‧水地三十九》曰：水者地之血氣，如筋脈之通流者也，故曰水具材也；萬物莫不以生，唯知其托者能為之正，具者水是也，故曰水者何也？萬物之本原也，諸生之宗室也，美惡、賢不肖、愚俊之所產也。

意思是說「水」就是大地血脈與元氣，就像人體的筋脈一樣，它在大地身上流淌著，所以說「水」是資質具備的有用之材；萬物沒有不靠「水」而能生存的，只要瞭解萬物真正依賴寄託於水的道理，能具備這一切的就是水，所以說「水」是什麼？水是萬物本源，是一切生命歸宗植根之處，不論人性的美善與醜惡、賢明與不肖、愚蠢與聰慧，人類都要依賴它而存在。

《孔子家語‧三恕第九》載記：孔子也很懂得欣賞水，尤其是向東流去的水，子貢覺得好奇便向夫子提問：君子一見到大水即趨近前去觀賞，這是為何呢？

孔子回答：因為它川流不息而且周遍四方，使生命生生不息卻不以為自己有什麼恩德，它像是有很高的「德性」；不管它流向低處還是流向屈折，總是姿勢低下，但它一定按自己的水道去走，這就像「義」；它不但水勢盛大，而且永沒有窮竭，又像是「道」；它奔流直瀉，到很深的溪谷也毫無懼色，這如同是「勇」；它又能作為衡量地平面的標準，公平公正，又像是「法」；水盛滿之後，不需用什麼刮平，自然平正端正，這像是「正」；它柔美而略呈透明，可流入到細微的地方，這又有些像「明察」；不論從哪裡發源，它一定是向東流去，不變其志，這猶如它的「志向操守」；它流出流入，一切東西因此變得潔淨，像是它善於教化和感化，水的德性有這麼好，所以君子見到水一定要前去觀賞。

節錄一段唐代詩仙李白的《將進酒》：「君不見黃河之水天上來，奔流到海不復回；君不見高堂明鏡悲白髮，朝如青絲暮成雪；人生得意須盡歡，莫使金樽空對月；天生我材必有用，千金散盡還復來」。

卷 四十四

名與身孰親、身與貨孰多、得與亡孰病
是故甚愛必大費，多藏必厚亡
知足不辱，知止不殆，可以長久

名與身孰親、身與貨孰多、得與亡孰病

追求功名與安身立命相比，哪一個比較值得親近？身家性命與稀世珍寶相比，哪一個比較值得重視？有道者與無道者相比，哪一個比較容易罹患「自私自利」之病？

是故甚愛必大費，多藏必厚亡

所以過度熱衷追求功名與稀世珍寶，就必然會大量消耗人性的美德；一旦自私自利的慾望儲藏越多，人性的美德就越快消耗殆盡。

知足不辱，知止不殆，可以長久

懂得知足之道，才不會辜負辱沒人類的生活智慧；知道追求慾望要適可而止，人性美德才不會消耗殆盡，才能夠長久更迭傳承。

英國小說家詹姆士・希爾頓於 1933 年以冒險家約瑟夫・洛克在雲南的報導為寫作靈感，創作《失落的地平線》一舉成名，獲得英國霍桑登文學獎，他所創造的「香格里拉」一詞，更成為人間樂土的代名詞，引領世人熱切追尋，迄今魅力不減；中國四川、雲南、西藏等多個偏遠之地區，都對外宣稱自己就是小說中的香格里拉，中國國務院 2001 年底，則正式批准雲南省迪慶州府所在地「中甸縣」更名為「香格里拉縣」。

有趣的是，美國第 32 任總統羅斯福於 1938 年在馬里蘭州興建的私人渡假別墅，就以「香格里拉」為命名，這也是後來歷任美國總統的私人渡假勝地，直到 1953 年，美國第 34 任艾森豪總統將其更名為「大衛營」，大衛是艾森豪孫子的名字。

1941 年日本偷襲珍珠港，導致美國參戰，成為二戰時期的重要轉折點；1942 年羅斯福總統下令美國展開大反攻，秘密派遣美國航母上的戰鬥機空襲日本東京都，他面對媒體記者的追問，羅斯福總統則幽默地戲稱：「這些飛機是從香格里拉飛過去的」，這也是美國「香格里拉號」航空母艦命名的由來。

巴基斯坦境內的《罕薩》與百慕達三角洲、埃及金字塔同處
在神秘的「北緯 30 度」，直到 1986 年前罕薩仍是與世隔絕
的神秘地帶，只有兩條懸於絕壁上的索道通向外界，罕薩轄
區位於喜馬拉雅山脈的烏爾塔山谷，距離中國新疆僅 30 多
公里，在古代，這一地區被稱為「坎巨提」是清朝的朝貢
國；罕薩人世代過著「日出而作，日落而息」的農耕生活，
是全球公認五大長壽地區之一，罕薩人被認為是世界上最健
康的民族。

有此一說，罕薩才是英國小說家《詹姆士‧希爾頓》書中所
描述的香格里拉，相傳 1933 年他偶然在旅途迷失中闖入罕
薩，看見平靜的河谷之中，蜿蜒流轉兩條碧水清澈溪流，視
覺上這極其簡單卻悠閒的線條，仿若出自小孩童純真無邪的
手筆，宛如人間仙境一般，希爾頓深深癡狂深情稱其為「香
格里拉」，而寫出了聞名世界的《失落的地平線》。

不管真相是如何？不管花落誰家？四川、雲南、西藏、罕薩
這些生活在偏遠地區的居民，他們生活智慧都有著相同價值
觀，那就是「思想淨化、生活簡化、返樸歸真，少思寡慾」，
他們心胸開朗性情溫和，樂觀知足並能捨己為人，充分體現
出人類生命的尊貴與善良。

「香格里拉」一詞儼然是象徵著人類夢寐以求最理想的生活
國度，這種認知也贏得世人熱情的嚮往；而生活在罕薩的
人，他們在處理各教派、各民族、人與人、人與自然的關
係時，都維持著一種巧妙「適度」生活美德，他們認為人
的行為有過度、不及和適度三種狀態，過度和不及是罪惡
的根源，只有適度才是完美的。

分享一則俄國哲學家《車爾尼雪夫斯基》的智慧語錄：美
的東西總是與人生的幸福和歡樂相互連結，人的活動如果
沒有理想的鼓舞，就會變得空虛而渺小；要是一個人的全
部人格、全部生活都奉獻給一種道德追求，要是他擁有這
樣的力量，那我們在這個人的身上，就能看到人格崇高的
真善美。

卷 四十五

大成若缺，其用不弊
大盈若沖，其用不窮
大直若詘，大巧若拙，大辯若訥
躁勝寒，靜勝熱
清靜可以爲天下正

大成若缺，其用不弊

大道的成就在於無私，猶如聖人虛空私欲，用它來治理天
下，就不會出現弊端。

大盈若沖，其用不窮

大道的豐盈在於利生，猶如陰陽沖氣調和，用它來修身養
性，可以說妙用無窮。

大直若詘，大巧若拙，大辯若訥

大道正直，猶如繩墨自矯，能夠端正行為；
大道善巧，猶如樸拙無華，杜絕奢侈歪風；
大道雄辨，猶如剛毅木訥，無須強辭爭辯。

躁勝寒，靜勝熱

諸侯為了爭霸而躁動干戈，百姓只能感到心寒畏懼；
天下百姓期盼平靜的生活，遠勝於諸侯熾熱的野心。

清靜可以為天下正

只有維持清靜祥和的大道秩序，才是統治天下之正道。

先秦時期，天下百姓生活陷入困苦，其肇因不外乎「天災、人禍」，天災者一曰乾旱、二曰洪水、三曰地震，人禍者一曰戰亂、二曰稅賦、三曰繇役；有關中國賦稅制度的起源甚早，根據《史記‧夏本紀》記載：「自虞夏時，貢賦備矣」，說明中國歷史上第一個奴隸制國家夏朝已有了徵收貢賦的制度。

節錄於《百度百科》有關古代稅法之內文，《周禮‧天官塚宰‧大宰》記載：「以九賦斂財賄，一曰邦中之賦、二曰四郊之賦、三曰邦甸之賦、四曰家削之賦、五曰邦縣之賦、六曰邦都之賦、七曰關市之賦、八曰山澤之賦、九曰幣餘之賦」。九種賦稅，既包括田賦、人頭稅，又包括商稅、貨稅，春秋時期，由於井田制日益瓦解，舊的奴隸制的剝削方式無法維持下去，各諸侯國相繼實行「履畝而稅」的賦稅制度，如齊國的「相地而襄征」、魯國的「初稅畝」、楚國的「量入修賦」，都是按土地的多少、好壞而徵收差額賦稅，這對於封建生產關係的發展和新興地主階級勢力的壯大，起了極大的促進作用。

「徭役」又稱繇役、傜役，是古代統治階級，強迫徵調平民百姓所從事的一種無償勞動，包括力役、雜役、兵役等，它是強加於老百姓身上又一沉重額外負擔，苦重的徭役也是造成民不聊生的主因之一，徭役萌芽於夏商周時期，秦漢時期有更卒、正卒、戍卒等役，以後歷代徭役名目繁多，不但執法嚴苛且殘酷壓榨貧民百姓，例如秦始皇徵用上百萬人力修建長城、修建阿房宮就是最典型的徭役。

《詩經・豳風・七月》描述百姓面對徭役無奈的心聲：「九月築場圃、十月納禾稼，黍稷重穋、禾麻菽麥，嗟我農夫、我稼既同，上入執宮功，晝爾于茅、宵爾索綯，亟其乘屋，其始播百穀」。意思是說：「九月修築打穀場，十月莊稼收進倉，黍稷早稻和晚稻、粟麻、豆麥全都點交入倉，歎我農夫真辛苦，莊稼剛收拾完，又要奮力為官家修建宮殿，白天要去割茅草，夜裡趕著搓繩索，還是趕緊把官家房屋修好，開春還得要開始忙著播種百穀」。

《韓非子・備內》曰：「徭役少則民安，民安則下無重權，下無重權則權勢滅，權勢滅則德在上矣」；《史記・平津侯主父列傳》曰：「薄賦斂，省繇役，貴仁義，賤權利」；《後漢書・王符傳》曰：「聖人深知力者民之本，國之基也，故務省徭役」。

《鹽鐵論・卷九繇役》文學曰:「周道衰王跡熄、諸侯爭強、大小相凌,是以強國務侵弱國設備,甲士勞戰陣役於兵革,故君勞而民困苦也;今中國為一統而方內不安,徭役遠而外內煩也,古者無過年之繇、無逾時之役,今近者數千里、遠者過萬里,歷二期長,子不還父母愁憂、妻子詠歎,憤懣之恨發動於心、慕思之積痛於骨髓,此杕杜、采薇之所為作也」。

引用《新譯鹽鐵論》盧烈紅注釋:文學派代表說,自從西周之後,治理天下之王道明顯衰敗,完全看不出有先聖先賢睿智嚴明政績,天下諸侯彼此爭奪強權、紛擾不休,大國不斷欺凌小國,大國誓在必得,小國無力抵抗只能加強防備設施,雙方戰士長期忙碌戰場對陣,疲憊不堪,卻不知戰爭何時能終止?所以天下戰亂不但君王勞心,而百姓生活更加困苦不堪;如今天下已經統一,而境內民心卻還是不得安寧,因為徵調的繇役,被派遣到很遠的地方,他們在外地與境內親屬分隔二地,彼此內心都覺得極為焦慮不安,古時候服繇役從來不超過一年,也不會出現逾時尚未歸家的情況,現在繇役去的地方,距離比較近的有千里、遠的有萬里之遙,時間長達二年了,父母憂愁還盼不到兒子回來、妻子悲嘆見不到丈夫,家人憤恨之情發自內心、慕想思念之痛積徹骨髓,詩經中《杕杜》、《采薇》這二首詩,所描述的情境應該就是這種心情寫照。

卷 四十六

天下有道，卻走馬以糞

天下無道，戎馬生於郊

罪莫大於可欲

禍莫大於不知足

咎莫憯於欲得

故知足之足，恆足矣

天下有道，卻走馬以糞；天下無道，戎馬生於郊

天下有道百姓安居樂業，馬匹可以悠哉行走在大街上，馬糞
還能當作肥料來利用；天下無道百姓民不聊生，供應戰場上
使用的馬匹不足，連懷胎母馬也要派上戰場。

罪莫大於可欲，禍莫大於不知足，咎莫憯於欲得

大國的罪過，在於為了壯大自己而採取武力侵犯小國；
戰爭的禍根，在於大國不滿足於現狀而不斷征戰天下；
戰亂的咎責，在於大國為了稱霸野心而漠視民不聊生。

故知足之足，恆足矣

所以大國諸侯若懂得知足之道，就不會憑藉武力去侵犯他人，
如此一來，天下才能恆久維持太平。

先秦時期，擁有馬匹是諸侯貴族彰顯身分象徵，由於馬匹在戰爭、狩獵、祭祀等方面之作用，商代既已出現了馬政之事務，據《竹書紀年》記載：「帝相十五年，商侯相土作乘馬，遂遷於商丘」，側面反映了商代對於馬匹的重視。

到了西周時期，王室和貴族對馬匹的需求大增，出現了養馬職官，如校人、趣馬、巫馬、牧師、廋ㄙ人、圉ㄩ師都是養馬官吏；春秋戰國時期，各諸侯國亦設置有掌管車馬的太僕和專職的養馬官，如鄭國有馬師，楚國有監馬和宮廄尹等。

公元前 905 年，「秦非子」因善於養馬，得到天子周孝王的賞識，受爵獲封秦地建立秦國；公元前 770 年東周初年，「秦襄公」因護送周平王東遷有功，因功晉陞為諸侯，不但佔有原來西周的養馬地又地處西部，邊境與多個少數民族部落接壤；公元前 623 年「秦穆公」在位時二十多個戎狄小國先後歸服了秦國，史稱「秦穆公霸西戎」，秦國因而獲取了大量外域優良馬匹，成一時富國強兵之勢，奠定日後秦始皇完成一統中原之霸業。

話說《東周列國志》三百野人的故事：春秋時，秦穆公到梁山打獵，有一天晚上丟了幾匹駿馬，手下人追著蹤跡一直到了岐山腳下，看到一群野人在分食馬肉，吃得正香呢！手下的人不敢驚動這一大群野人，就回來稟告了秦穆公，請求發兵去征討這些野人。

秦穆公卻嘆道：「馬已經死了，因為這個理由殺人，百姓會說寡人重視牲畜而輕視人命」。於是吩咐手下抬幾十罈酒去賜給這些野人，告訴他們：「吃駿馬肉不飲酒會傷身子，這些美酒賜就給你們暢飲」，秦穆公仁慈之心，令這群野人深感敬佩！

於此之前，秦穆公因扶持晉惠公返晉得位，晉惠公許下五座城池給秦國，即位後卻反悔了；其後（公元前 647 年）晉國碰上大旱，糧食絕收，晉惠公向秦國求糧，秦國眾臣極力反對，秦穆公說：「辜負我的是晉君，現在忍飢挨餓的是晉國的百姓，我不忍心因為晉君的緣故，而使晉國百姓遭受災禍」，於是又送了糧食給他，解決了晉國的天災之禍。

可是第二年（公元前 646 年）秦國也遭遇了天災，秦穆公
向晉國求助時，晉惠公卻拒絕了，還用言語羞辱秦國派遣
的使者，秦穆公不甘羞辱，發兵攻打晉國，兩軍在韓地（山
西河津）會戰，因雙方實力懸殊，秦軍勢單力薄、節節敗
退、處境十分危急，秦穆公也在對戰中身負重傷。

此時，突然殺出來一支奇兵，他們彪悍擅戰，不但保護了
秦穆公突破重圍，還活捉了晉惠公，原來這支奇兵就是曾
蒙受秦穆公恩惠的三百野人，他們聽說秦穆公出兵攻打晉
國，便自告奮勇前來相助，正好遇上秦穆公受傷被困，他
們幫助秦軍立下了汗馬功勞，不但化險為夷解救了秦穆公，
還生擒了晉惠公。

《荀子·修身篇》有言曰：「行乎冥冥而施乎無報，而賢不
肖一焉。」荀子說：能夠在冥默之中做事，而且施人恩惠不
求回報，那麼賢能和不肖之人，都一樣會來歸順服從。

卷 四十七

不出戶，知天下
不窺牖，知天道
其去彌遠，其知彌少
是以聖人弗行而知
弗見而名，弗為而成

不出戶，知天下

執政者居住在豪華宮殿，即使足不出戶，也能從各地呈報的情資，知道當前天下發展的趨勢。

不窺牖ㄧㄡˇ，知天道

老百姓居住在簡陋平房，即使不開窗戶，也能從聽覺與身體感覺，知道當下氣候冷暖的變化。

其去彌遠，其知彌少

執政者若外出遠行，走得越遠看得越多，他才知道對於老百姓生活的照顧，有多麼的貧乏。

是以聖人弗行而知

所以聖人大公無私、體察細微，即使不出門遠行，也能從天下紛爭不休的局面，得知百姓所遭遇的苦難與無助。

弗見而名

聖人即使沒有親眼目睹戰場上，敵我彼此廝殺的殘忍場面，
也能明顯感受到百姓失去至親的悲慟之情。

弗爲而成

聖人即使沒有能力去改變天下紛爭的局面，但他們關心百姓
勝於關心自己，這種以民為本、同舟共濟的信念，才是人性
最可貴之處。

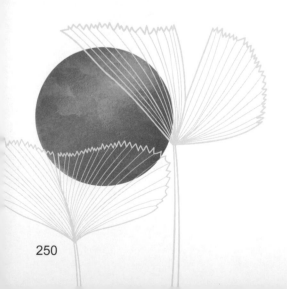

本卷經文之「不出戶知天下，不窺牖知天道」，採用上與下、君與民相互對照立場來解讀，第三句「其去彌遠，其知彌少」意味著執政者深居宮門久矣，只有微服出巡，方知民間百姓生活潦倒的實際真相；古往今來，天下戰亂不休，執政者所關心的往往只是戰果而已，對於因為戰爭導致難民流離失所、士兵廝殺傷亡所引發的社會人倫悲劇等諸多問題，似乎漠不關心，甚至視若無睹，這無疑是人性最可悲之處。

那些飽受戰爭摧殘的難民，不但失去了國家的尊嚴、也失去了家園和親人，他們為了生存不得不背井離鄉，而在動身四處尋求避難的那一刻，他們的身分就被賦予了「難民」這個次等人類地位的專屬名稱。

根據 2019 年聯合國難民署的統計（UNHCR），全球共有 7080 萬人被迫離開家園，流離失所， 其中 2590 萬名為難民署認證之難民，更有超過半數為 18 歲以下的兒童；另外，無家可歸的境內難民高達 4130 萬名；2011 年敘利亞爆發內戰，十年來已經超過 1200 萬敘利亞人被迫逃離家園，是本世紀最大的人口流離危機，與之毗鄰的土耳其、黎巴嫩、約旦、伊拉克，以及埃及等五國收容了超過 550 萬敘利亞難民，至今仍然有半數難民無家可歸，他們成為「超級邊緣人」，難民的艱困處境如此真實，只有當權者能夠遮住雙眼置身事外。

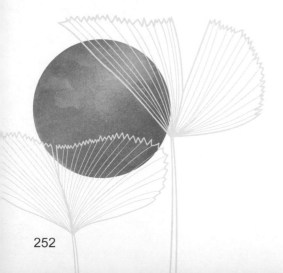

2022 年 3 月俄羅斯入侵烏克蘭，在戰爭爆發後不到二個月時間內，就有將近 600 萬難民離開烏克蘭，而烏克蘭國內流離失所者人數已達到 770 萬，這是根據聯合國難民署截至 2022 年 4 月 21 日所統計數字資訊。

《荀子・不苟篇》曰：「天地為大矣，不誠則不能化萬物；聖人為知矣，不誠則不能化萬民。」天地固然是廣大的，但是不虔誠就不能化育萬物；聖人固然是睿智的，但是不虔誠就能化育萬民。

統一企業前總裁・林蒼生說：「要思考台灣未來的路怎麼走，確實不是一件單純的事，不僅因為台灣夾在大國之間的處境，更有甚者，是歷史淵源所造成多元文化的混亂，需要時間來沉澱、來消化、來昇華成多元文化新型態的花朵」。

為學日益，為道日損
損之又損，以至於無為
無為而無不為
將取天下者，恆以無事
及其有事，不足以取天下

爲學日益，爲道日損

學習知識是日益精進，學習聖道卻是私欲日損。

損之又損，以至於無爲

有志學道者，持之以恆的反省自律，直到私欲損耗不興、生而不有，才能淬鍊出「大公無私」的行為美德。

無爲而無不爲

一個人可以做到無私奉獻的行為，說明他已經具有聖人般的德行，而能夠為天下百姓盡心盡力、無私貢獻所學。

將取天下者，恆以無事

想要贏得天下民心的人，要有恆久維持「大公無私」的本事。

及其有事，不足以取天下

那些興兵好戰、行事自私自利的人，都無法真正贏得天下民心的信任。

本卷經文是闡述學習聖人之道的心路歷程,「為道日損,損之又損,以至於無為」,如此修為之境界,猶如佛教所言之「空性 」,乃「成就一分般若、斷一分無明、證一分佛性」,直到究竟涅槃大悲無礙。

每一個人伴隨各自機緣入道修行,所從之道,是否為「正知正見」如法之道?爾等可憑藉祖師大德之清規來審視其道,當斷則斷方能不亂,何去何從?可以不是問題,能了卻自性才是真理,道可道非常道,每一個道場都有各自的善惡之緣,並非真空一成不變,從善者師其法、從惡者戒其法,戒定慧三學存於心莫忘其本,則可出淤泥而不染,當拈花微笑證菩提,若學佛學到整天愁眉苦臉,何苦來哉?

分享一則《哭婆》小故事:有一位老太婆,綽號叫「哭婆」,下雨天她哭、天氣晴朗她也哭,某日有一位禪師路過看見了,便好奇問她:「為什麼哭?」

哭婆說:「我有兩個女兒,大女兒嫁給賣米粉的、小女兒嫁給賣雨傘的,下雨時我會為大女兒著急,萬一米粉沒有太陽曬,發霉了怎麼辦?天晴時我就會想到小女兒賣雨傘的生意不好,一定沒法好好過日子,因此我天天為她們的遭遇而流淚」。

禪師開導她說：「以後，您看到出太陽，想到大女兒可以曬乾很多米粉，應該為她高興；遇到下雨天，想到小女兒，今天雨傘店的生意一定很好，應該為她高興！」

老太婆頓時想通了：「對啊！」

從此，哭婆無論晴天還是下雨，總是笑嘻嘻的！哭婆變成了「笑婆」。

分享《詹姆斯·艾倫》一段智慧語錄：「心靈的神奇之處在於它的吸引力法則，你的心停駐在什麼地方，就會吸引到什麼樣的人、事、物；如果你心中有愛，你就會遇見你的愛人；如果你心懷擔憂，擔擾的事就會層出不窮。不論是滿懷激情憧憬，還是秘而不宣的渴望，但凡心有所想，必能吸引到相應的人、事、物。因此，外界環境只不過是心理狀態的外顯而已，你的心靈決定了你的處境」。

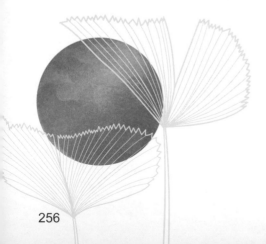

卷 四十九

聖人恆無心，以百姓之心爲心
善者吾善之，不善者吾亦善之，德善矣
信者吾信之，不信者吾亦信之，德信矣
聖人之在天下歙歙焉，爲天下渾其心
百姓皆注其耳目，聖人皆孩之

聖人恆無心，以百姓之心爲心

聖人「大公無私」之心恆久不變，他們始終以天下百姓生活福祉為心念。

善者吾善之，不善者吾亦善之，德善矣

他們善待心地友善之人，也善待心地不友善之人，這是一種善良的美德。

信者吾信之，不信者吾亦信之，德信矣

他們誠信對待有信用之人，也誠信對待沒有信用之人，這是一種信任的美德。

聖人之在天下歙ㄒ歙焉，爲天下渾其心

聖人在天下行事低調而且收斂不炫耀，他們大公無私為天下百姓奉獻心力、不分彼此。

百姓皆注其耳目，聖人皆孩之

百姓若注意觀察他們的言行舉止，聖人就像孩童般擁有一顆赤子之心。

先秦時期，天下諸侯紛爭，大國諸侯君王為了贏得天下民
心，都號稱自己是「聖人」治國，混淆了世人對於聖人形象
的定義與認知，如經卷六十七所言「天下皆謂我道大，似不
肖」，故而此卷經文，說明除了具備大公無私的行為美德，
聖人也都擁有一顆赤子之心，對於那些以「聖人」自居之人，
百姓皆注其耳目，自然能明辨虛實真偽。

《孟子・離婁下》曰：「大人者，不失其赤子之心者也。」偉
大的人，其胸懷無比寬廣，他不會失去赤子般純潔善良、天
真無邪之心。

孟子（公元前 372 年～前 289 年），名軻，字子輿，戰國時
鄒人；受學於子思，提倡「王道、重仁義、輕功利、創性善」
之說，傳有《孟子》七篇，他曾經到齊、宋、滕、魏等國游
說，一度擔任齊宣王的客卿，主張行「仁政」，提出「民貴
君輕、人性本善」等論說，以期說服諸侯，停止武力兼併，
最後以所說不合王意而不見用；晚年與萬章等門人集儒家論
述著書立說以終，學說對後世影響甚大，後世尊稱為「亞
聖」，孟子被認為是孔子儒家學說的繼承者。

《孟母三遷》的故事，可謂眾所周知、耳熟能詳，《三字經》中有「昔孟母，擇鄰處，子不學，斷機杼」的記載，孟母起初因居住之所「近於墓」，她見孟子學為「喪葬」之事，便搬遷居於「市旁」；又見孟子其嬉戲皆為市集商賈「炫賣」之事，則二遷選擇「捨市」；因捨市近於「屠場」，見孟子學為「屠宰」之事，而三遷於「學宮之旁」，直到目睹孟子學習官員入文廟時，所遵循的禮儀規範時，孟母最終下定決心「定居」於此。因而奠定了日後孟子在儒學的非凡成就，孟子繼承發揚孔子的思想，成為僅次於孔子的一代儒家宗師，他與孔子後世合稱為「孔孟」。

古希臘哲學家・亞里士多德：「人們為善的道路只有一條，而作惡的道路則有很多條。」

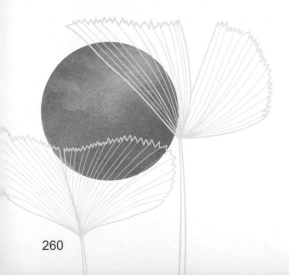

卷 五十

出生入死，生之徒十有三，死之徒十有三
而人之生，動之死地，亦十有三
夫何故，以其生生之厚
蓋聞善攝生者，陸行不遇兕虎，入軍不被兵甲
兕無所投其角，虎無所措其爪，兵無所容其刃
夫何故，以其無死地

出生入死，生之徒十有三，死之徒十有三

在戰場上出生入死的士兵，能夠生還的比率只有十分之三，戰死沙場的比率也是十分之三。

而人之生，動之死地，亦十有三

而那些在戰場存活下來，傷重殘廢以及被俘虜的比率也有十分之三。

夫何故，以其生生之厚

為什麼要浪費這麼多寶貴的生命呢？如果這些人沒有犧牲在戰場，他們一生勞動、繁衍後代，所貢獻給國家的會更多。

蓋聞善攝生者，陸行不遇兕虎，入軍不被兵甲

聽說那些生存本領特別厲害的人，陸地行走都不擔心遇到兇猛野獸與老虎，入伍從軍也不用拿兵器戴盔甲。

兕無所投其角，虎無所措其爪，兵無所容其刃

兕猛角獸攻擊不了他們，老虎刃爪傷害不了他們，敵人刀劍砍殺不了他們。

夫何故，以其無死地

為什麼他們會有如此神奇的生存本領？因為他們是後勤部隊，負責草糧補給、伙食、醫療，他們不用衝鋒陷陣與敵人廝殺、不用出入深山作戰而遭遇到猛獸，因此他們不會出現在死地。

《孫子兵法・始計第一》曰：「兵者，國之大事死生之地，存亡之道不可不察也。」戰爭，是國家的大事，是關係到個人生死和國家存亡的大問題，不可不慎重明察對待；《孫子兵法・九地第十一》曰：「用兵之法，有散地、有輕地、有爭地、有交地、有衢地、有重地、有圮地、有圍地、有死地」。

諸侯在本國境內作戰的地區，叫做「散地」；在敵國淺近縱深作戰的地區，叫做「輕地」；我方得到有利，敵人得到也有利的地區，叫做「爭地」；我軍可以前往，敵軍也可以前來的地區，叫做「交地」；多國相毗鄰，先到就可以獲得諸侯列國援助的地區，叫做「衢地」；深入敵國腹地，背靠敵人眾多城邑的地區，叫做「重地」；山林險阻沼澤等難於通行的地區，叫做「圮地」；行軍的道路狹窄，退兵的道路迂遠，敵人可以用少量兵力攻擊我方眾多兵力的地區，叫做「圍地」；迅速奮戰就能生存，不迅速奮戰就會全軍覆滅的地區，叫做「死地」。

春秋戰國時期，軍隊中已有巫、醫和方技編制，當與敵人長期作戰時，後勤軍隊便徵用當地士大夫房舍，充當傷兵臨時療養處所，巫、醫和方技負責安頓傷兵，士大夫則派人從旁協助照料，待痊癒後即造冊上報，以便重行歸隊。

《墨子・迎敵祠篇》記載：「舉巫、醫、卜有所長，具藥宮之善為舍；牧賢大夫及有方技者若工，弟之。」找出具有專長的巫師、醫師和占卜的人，根據他們的專長，配備有關藥物，供給住房妥善安排住宿；將賢大夫和有特殊專長的種種技工集中起來，給予相應的等第職責。

《六韜》是中國古代的一部著名兵書，又稱「姜太公六韜」
或「太公兵法」，卷三《龍韜・王翼》篇中，記載了一個由
七十二人組成的統帥部系統，其中提到軍中應有「方士二
人，立百藥，以治金瘡，以痊萬病」，說明周代就開始採用
方士負責軍中的醫藥之務。

春秋戰國時代諸侯將帥，為了取得戰爭勝利，已經注意到士
卒健康的關鍵性，其標準是能否穿著甲冑進行軍事活動，能
者稱為「勝衣」，不能者叫「不勝衣」，如不勝衣就沒有當兵
甲的資格；《吳越春秋》中，曾提到越王勾踐在伐吳前，誓
師曰：士有疾病不能隨軍從兵者，吾子其醫藥，給其糜粥與
之同食。

歷史學家根據《史記》資料統計，秦國自秦獻公（公元前
424 年～前 362 年）至秦王政（公元前 259 年～前 210 年），
前後十五次單方面的殺敵和坑卒，超過一百五十萬人，並未
計算秦國自己傷亡人數以及戰爭所導致的飢荒、疾病等死亡
人數。

2008 年諾貝爾經濟學獎得主《保羅・羅賓・克魯曼》表示：
「戰爭的代價非常高昂，即使戰勝了，對征服者而言，也得
不償失」。

卷 五十一

道生之，德畜之，物形之，器成之
是以萬物莫不尊道而貴德
道之尊，德之貴，夫莫之命而常自然
故道生之，德畜之，長之育之
亭之毒之，養之覆之
生而不有，爲而不恃，長而不宰，是謂玄德

道生之，德畜之，物形之，器成之

任何一種利生之道的誕生，先決條件必須以德來畜養心性，言行才不會偏離初衷，有了信心的基礎便能匯聚形勢，上下能如此「一以貫之」，這種成就才是最大的器用。

是以萬物莫不尊道而貴德

所以，萬物繁衍傳承沒有不尊顯「利生之道」，而貴重「畜育之德」的。

道之尊，德之貴，夫莫之命而常自然

尊顯「利生之道」與貴重「畜育之德」，是萬物永續生存的天生本能，它不需要任何規範約束，而能自然而然的常態傳承。

故道生之，德畜之，長之育之

因此，當國家政治清明有道，就要提倡生活美德來畜養百姓，如此人性美德才能逐漸成長茁壯，進而化育萬物。

亭之毒之，養之覆之

人性美德在亭立自主的過程中，一定會出現私欲作祟的毒害
考驗，若能持續秉持大公無私的美德來修養心性，最終一定
能夠覆滅私心、戰勝私欲。

生而不有，爲而不恃，長而不宰，是謂玄德

執政者能夠將心中生起私欲，堵塞住而不兌現於言行；能夠
施行德政來畜養百姓，而不自恃其權勢霸道；能夠以身作則
助長生活美德，而不宰割敗壞其德；執政者能具備如此玄妙
德行，稱之為「玄德」。

清代段玉裁《說文解字注》：毒，厚也，毒厚疊韻，毒兼善惡之辭、猶祥兼吉凶，臭兼香臭也；《易》曰「聖人以此毒天下而民從之」、《列子書》曰「亭之毒之，皆謂厚民也」；毒與篤同音通用，《微子篇》曰「天毒降災」、《史記》作「天篤」。

在夢中，老子問曰：你對此毒有何看法？對曰：此毒於此經卷有磨練心志、考驗心性之要義，猶如孟子所言「天將降大任於斯人也，必先苦其心志、勞其筋骨、餓其體膚、空乏其身、行拂亂其所為，所以動心忍性，增益其所不能」。

《管子・心術下》曰：「虛無無形謂之道，化育萬物謂之德；物固有形、形固有名，名當謂之聖人；心處其道九竅循理，上離其道下失其事；形不正者德不來，德者道之舍，故道之與德無間，故言之者不別也」。

《論語・為政篇第二》子曰：「為政以德譬如北辰，居其所，而眾星共之。」孔子說：為政之道在於以德服人，就會像北極星那樣，居於固定方位不曾改變，而群星都會環繞在它的周圍。

《論語‧述而篇第七》子曰：「志於道，據於德，依於仁，遊於藝。」以道為志向，以德為根據，以仁為憑藉，熱衷活動於六藝的範圍。

齊景公晚年，有一日宴請大臣，酒席上君臣舉杯助興、高談闊論；酒後，君臣餘興未盡，大家提出一起射箭比藝，輪到齊景公，他舉起弓箭，可是一支箭也沒射中靶子，然而大臣們卻在那裡大聲喝彩道：好箭！好箭！

景公聽了，很不高興，他沉下臉來，把手中的弓箭重重摔在地上，深深地歎了一口氣。

正巧，輔佐大臣弦章從外面回來，景公傷感地對弦章說：弦章啊，我真是想念晏子啊！晏子去世之後，就再也沒有人願意當面指出我的過失，剛才射箭明明沒有射中，可眾人卻異口同聲一個勁地喝彩，真讓我難過呀！

弦章聽了深有感觸，他回答景公說：我聽說過這麼一句話，就是《上行下效》！國君平常喜歡穿什麼衣服，臣子就學著穿什麼衣服；國君喜歡吃什麼東西，臣子也學著吃什麼東西，有一種叫尺蠖 的小蟲子，吃了黃色的東西，它的身體就變成黃色；吃了藍色的東西，它的身體就又變成藍色；國君因為晏子去世後，就不再喜歡聽到人家批評您，而只喜歡聽奉承的話，所以才會出現這種情況！

弦章一席話，說得齊景公心服口服，他不好意思地點點頭說：太好了，今天你這一番話，指出了我的過失，讓我豁然開朗。

《論語‧季氏篇》記載：「齊景公有馬千駟，死之日，民無德而稱焉。」齊景公在位五十八載，齊國境內治安相對穩定，是擁有四千馬匹、千輛兵車的諸侯大國，齊景公死的時候，百姓卻覺得他沒什麼德行值得稱讚，唯一可取之處，就是齊景公有接受納諫的雅量。

常言道：「上行下效，上樑不正下樑歪。」道理雖然簡單，但卻是顛撲不破的真理，魯國執政大夫季康子因國內治安敗壞，兩次向孔子問政，孔子給他的答覆都是執政者必須以身作則，任何事情只有以身作則，才能保證政策能夠貫徹落實，否則光說不做，多說何益？其實每一個人心中都有善念，也都具備行善的能力，關鍵在於他是否願意去做。

卷 五十二

天下有始，以爲天下母
既得其母，以知其子
既知其子，復守其母，沒身不殆
塞其兌，閉其門，終身不勤
開其兌，濟其事，終身不救
見小曰明，守柔曰強
用其光，復歸其明，無遺身殃，是謂襲常

天下有始，以爲天下母

天下自從開始有了國家的觀念，天下百姓就把自己的國家視
為母國。

旣得其母，以知其子

每一位繼位掌握國家大權的君王，就應該把百姓視為子民。

旣知其子，復守其母，沒身不殆

既然知道百姓子民生活面臨困境，就應該恢復母親守護子女
的本能，這是一種至死不渝的天職。

塞其兌，閉其門，終身不勤

堵塞天職不兌現於民，關閉施行德政大門，這種背離民心的
政權，他很快就會失去地位。

開其兌，濟其事，終身不救

開啟天職兌現於子民，救濟百姓安居樂業，這種德政必深受愛戴，政權就不會出現危機。

見小曰明，守柔曰強

看見基層百姓子民的生活狀況，就能明白施政績效的成果；嚴守母親呵護愛子的懷柔政策，自然就能夠強化鞏固民心。

用其光，復歸其明，無遺身殃，是謂襲常

施政採用這種正大光明之道，能夠讓政治恢復回歸清明，執政者就不會遺留罵名或憂心失去政權地位，我把執政者沿襲母親呵護子女的常態天職，稱之為「襲常」。

卷五十九曰：「有國之母，可以長久，是謂深根固蒂，長生久視之道」，故而本卷經文採用「以經解經」之思維來淺譯。

《禮記・中庸》：「子庶民也」，要像對待自己的子女那樣，去對待百姓，君主有這樣的情懷和心胸，才能民心所向、江山穩固。西漢宗室大臣劉向《新序・雜事一》：「良君將賞善而除民患，愛民如子，蓋之如天，容之若地」。

傳曰：「君者舟也，庶人者水也，水則載舟，水則覆舟。」國學大師錢穆先生在《中國文化史導論》一書中，分析說：一國行仁政，別國民眾即相率繦負而往，此在《孟子》書裏，記載得很明顯，到後來秦國廣招三晉移民，為他們墾地，三晉民眾也便聞風而集；中國古代人，一面並不存著極清楚、極顯明的民族界線，一面又信有一個昭赫在上的上帝，他關心於整個下界、整個人類之大群全體，而不為一部一族所私有，因此他們常有一個「天下觀念」超乎「國家觀念」之上，他們常願超越國家的疆界，來行道於天下，來求天下太平。

據《隋唐嘉話》卷上記載，唐太宗對所信用的大臣非常尊重和親近，在非正式場合，對名將李靖常以兄長相稱，對直臣魏徵說話，從不用「朕」，而是自稱「世民」，這種謙遜待下、尊重賢能的態度，在歷代帝王中，實為罕見，故而天下之人心歸焉！

貞觀十九年五月，唐太宗率軍出征高麗，在攻打白岩城時，右衛大將軍李思摩不幸被飛箭射中，血流如注傷勢嚴重，太宗親自為李思摩取出箭，並用嘴將其傷口的污血吸吹乾淨，包好傷口，派人護送回營。眾將士見此情景士氣大振，即使是普通士兵負傷生病，他也一視同仁，給予關懷。

有一個士兵生病，不能隨軍進發，太宗親到病床前慰問，並將士兵移交當地官府代為治療；戰爭結束後，太宗令人將所有陣亡將士的遺骨收集起來，妥善安葬，親自致祭痛哭失聲，自然流露哀悼和思念之情。將士們返鄉後，將此情景告訴陣亡者的父母，使這些父母大為感動，並發自內心的說道：「我們失去了兒子悲痛萬分，但皇帝親自為他們哭祭，他們在九泉之下也能瞑目，死無遺憾了」。由於太宗體恤臣下，愛民如子，臣民當然竭忠盡力、奮死圖報、君臣一心，因此成就了大唐盛世。

漢文帝也是中國歷史上以仁德著稱的皇帝之一，他即位不久，就遍施恩德，文帝二年十一月，出現日食現象，文帝說：「天生萬民，為他們設置了君主來治理他們，如果君主缺乏德義，施行政令不夠公平，上天就會顯示災異以警戒。在十一月發生日食，這是上天在譴責我，還有比這更嚴重的嗎？朕以渺小身軀承擔天下，對下不能養育好眾生，對上又損害了日月星辰，我實在是太失德了，你們要想想我犯了什麼過失，必須要舉薦賢良正直和能夠直言勸諫的人，來匡正我的過失，各地的官吏們也要減輕徭役、稅賦來便利民眾。」

北宋名臣范仲淹，以《岳陽樓記》名傳千古，他以「先天下之憂而憂，後天下之樂而樂」感動無數仁人志士，這兩句不朽的名句，正是范仲淹一生真實的寫照，他為人孝義節廉、扶危濟困，做官忠直敢言、為民請命，其詩可謂情文並茂、理義至深。

卷五十三

使我介然有知，行於大道，惟施是畏
大道甚夷，而民好徑
朝甚除，田甚蕪，倉甚虛
服文綵，帶利劍，厭飲食
財貨有餘，是謂盜竽，盜竽非道也哉

使我介然有知

即使執政者知道奉行大道，是成為一位明君的先決條件。

行於大道，惟施是畏

可是他做決策時，往往會屈服於個人私欲，而畏懼奉行大道。

大道甚夷，而民好徑

一旦政治不清明，社會亂象必然層出不窮，而百姓便容易出現投機取巧的偏差行徑。

朝甚除，田甚蕪，倉甚虛

臣子也會因為朝綱敗壞，而容易出現貪贓枉法情事；良田也會因為繇役無壯丁耕作，而導致荒蕪雜草叢生；糧倉也會因為五穀欠收，而出現沒有糧食可儲備的空虛窘境。

服文綵，帶利劍，厭飲食

即使面對國家社會處境如此紊亂，昏庸的執政者，他不但依舊穿著華麗服飾，而且講究精美刺繡；他隨身配戴利劍用來彰顯其高貴的身分地位；他吃膩了山珍海味以及美酒佳餚。

財貨有餘，是謂盜竽，盜竽非道也哉

他在宮殿堆積了滿室的稀世珍寶，他這種濫用權力來滿足私欲的現象，就跟盜匪首領沒有甚麼差別，堪稱「道竽」；這些盜取民脂民膏的行徑，完全背離了王道治國的基本天職。

此卷經文老子明確點出執政者，位高權重最容易罹患「權謀」之症，強調實踐「知行合一」之重要性。

明代著名政治家王守仁的哲學思想，主張「知行」是一回事，不能分為兩截，知中有行、行中有知，二者不能分離，也沒有先後次序，與行相分離的知，不是真知而是妄想，與知相分離的行，不是篤行而是冥行。如《傳習錄・卷上》載言：「知是行之始，行是知之成，若會得時，只說一個知，已自有行在，只說一個行，已自有知在」。

王守仁從心理學角度提出了「學以去其昏弊，明其心」的治世理論，他曾在貴陽修文陽明洞天居住，自號陽明子，故被學者稱為陽明先生，後世則稱呼王陽明，其學說世稱「陽明學」，他強調道德意識的自覺性，省察克治要求人們在內在精神上下功夫；另一方面也重視道德的實踐性，指出人要在事上磨練，言行表裡一致，不要被私欲隔斷「知行」之本體。

《荀子‧儒效》曰：「不聞不若聞之，聞之不若見之，見之不若知之，知之不若行之，學至於行之而止矣。行之明也，明之為聖人。聖人也者，本仁義、當是非、齊言行、不失豪釐，無他道焉，已乎行之矣。」

沒有聽到不如聽到了，聽到不如親眼看見，看見了不如知曉道理，知道了不如行為實踐，做到知行合一達到極致了。通過行為實踐，就能明白事理，明白事理，就能成為聖人。聖人，把仁義作為根本，恰當的判斷是非曲直，言行一致，絲毫不差，聖人之道並沒有其他的竅門，就在於把學到的真理知識，大公無私的付諸行動去實踐。

《荀子‧王制篇》曰：「王奪之人，霸奪之與，彊奪之地」。王者奪取民心、霸者奪取與國、強者奪其土地。《王霸篇》又曰：「故用國者，義立而王，信立而霸，權謀立而亡」。治理國家的人，只有樹立道義，爭取他國人民的信任，才能達到王者的境界；只有樹立威信，爭取他國盟邦的支持，才能達到霸者的境界；若是樹立權謀，用來圖利私欲、為所欲為，他的政權很快就要滅亡了！

卷 五十四

善建者不拔
善抱者不脫
子孫以祭祀不輟
修之於身，其德乃眞
修之於家，其德乃餘
修之於鄉，其德乃長
修之於邦，其德乃豐
修之於天下，其德乃普
故以身觀身
以家觀家
以鄉觀鄉
以邦觀邦
以天下觀天下
吾何以知天下然哉？以此

善建者不拔

推翻暴政建立新朝代的開朝聖王，他們「大公無私」的聖名
深植於世人心目中，無法被動搖。

善抱者不脫

後世繼位守業有成的明君，他們「大公無私」的盛名也不脫
離聖人之道。

子孫以祭祀不輟

他們始終都承受後代子孫緬懷，而且後人祭祀慎終追遠，從
不間斷。

修之於身，其德乃眞；修之於家，其德乃餘

修身奉行「大公無私」之道，個人德行必然能真實流露。
修家奉行「大公無私」之道，家族祖德必然能充沛有餘。

修之於鄉，其德乃長；修之於邦，其德乃豐

修鄉奉行「大公無私」之道，民德風俗必然能教化增長。
修國奉行「大公無私」之道，國祚德政必然能安定豐足。

修之於天下，其德乃普

修天下奉行「大公無私」之道，德行天下必然能自然普及。

故以身觀身，以家觀家

所以我們個人要以「聖人之身」為榜樣，來觀察審視自己的言行舉止；對於家族而言要以「積善之家」為榜樣，來觀察審視家族的傳承風範。

以鄉觀鄉，以邦觀邦

對於鄉里而言要以「純樸之鄉」為榜樣，來觀察審視鄉里的民俗風情；對於國家而言要以「有道之國」為榜樣，來觀察審視治國的績效功過。

以天下觀天下

對於天下而言要以「天下太平」為榜樣，來觀察審視天下的發展趨勢。

吾何以知天下之然哉？以此

我何以知道當今天下的發展趨勢呢？因為我就置身於此天下。

老子問曰：汝何以知解此卷經文之「善」？對曰：子孫祭祀不離祖德流芳，故而順藤摸瓜。老子笑曰：瓜還沒熟，可摸不可採摘也。

「天下興亡，匹夫有責」，天下的組成由小而大，從個人到家族、從家族到鄉里、從鄉里到國家、從國家到天下，每一個人都善盡其責，天下何亂之有？

史書記載「天下興亡，匹夫有責」這句話，最早是出現在清朝顧炎武《日知錄‧正始》的概念，顯然這個概念可以追朔到二千餘年前的春秋時期，管子《牧民‧第一》曰：以家為鄉，鄉不可為也；以鄉為國，國不可為也；以國為天下，天下不可為也。以家為家、以鄉為鄉、以國為國、以天下為天下，毋曰不同生、遠者不聽，毋曰不同鄉、遠者不行，毋曰不同國、遠者不從，如地如天，何私何親？如月如日，唯君之節！

管子說：按照治家的要求治理鄉，鄉不能治理好；按照治鄉的要求治理國，國不能治理好；按照治國的要求治理天下，天下不可能治理好。而是應該按照治家的要求治家，按照治鄉的要求治鄉，按照治國的要求治國，按照治天下的要求治理天下，天下才能太平。不要因為不同姓，就不聽取外姓人的意見；不要因為不同鄉，就不採納外鄉人的辦法；諸侯國不要因為不同國，而不聽從他國君王的主張。要像天地對待萬物一樣，沒有什麼偏私偏愛；要像日月普照一切萬物，國君才算得上具有明君的氣度。

西周即有「尊老敬賢」之風尚，朝廷和地方都會定期舉行養老禮儀，天子行養老之禮，在太學設宴款待三老、五更及群老；地方則舉行鄉飲酒禮，凡六十歲以上老人得以享受晚輩伺候的禮遇，年齡越大享用的美味佳餚也越豐富，「鄉」是周天子及諸侯都城四郊的基層組織單位，一萬二千五百家為一鄉，相傳天子有六鄉、諸侯有三鄉。

《孝經》曰：夫孝，天之經也、地之義也、民之行也，人之行莫大於孝，教民親愛莫善於孝，夫孝，德之本也。

《孝經》相傳乃孔子之述作，僅有一千八百餘字，是闡述孝道和孝治思想的中國古代儒家經典著作，以孝為綱、歷陳「五等之孝」，提出了天子、諸侯、卿大夫、士、庶人各個等級所應遵守的基本規範，成為中華文化兩千多年來的經典之一。

天子之「孝」愛敬盡於其事親，而德教加於百姓，行于四海；諸侯之「孝」在上不驕，高而不危，制節謹度，滿而不溢；卿大夫之「孝」非法不言、非道不行，言滿天下無口過，行滿天下無怨惡；士人之「孝」忠順事上，保其祿位、守其祭祀；庶人之「孝」用天之道，分地之利，謹身節用，以養父母。

日常老和尚說：孝道精神，正是華夏文化所孕育成的那種
「傳受之間」的相互關係；集華夏文化大成之至聖孔子，在
孝經開宗明義章中就指出：「夫孝，德之本也，教之所由生
也。」此種精神之運用，起自家庭親子，推至天下國家，雖
人類社會之層次有別，貴賤貧富各異，而彼此間之上慈下敬
則同。因此上自元首天子，下至市井庶人，若能遵行此道，
自然「天下和平，災害不生，禍亂不作」，而其政治亦能「不
嚴而治，不肅而成」之境界。

卷 五十五

含德之厚，比於赤子
毒蟲不螫，猛獸不據，攫鳥不搏
骨弱筋柔而握固，未知牝牡之合而朘作，精之至也
終日號而不嗄，和之至也
知和曰常，知常曰明，益生曰祥
心使氣曰強，物壯則老，是謂不道，不道早已

含德之厚，比於赤子

一個品德敦厚之人，他張口說話就像赤子般純潔，不會用惡毒之語言傷害他人。

毒蟲不螫，猛獸不據，攫鳥不搏

就像剛出生的各類毒蟲，牠們的毒刺不會螫傷人；就像剛出生的老虎猛獸，即使你將手指放入牠們口中，也不怕被咬傷；就像剛出生的兇悍飛禽，牠們銳利的嘴爪也不會啄傷人。

骨弱筋柔而握固，未知牝牡之合而朘作，精之至也

嬰兒全身筋骨非常柔弱，母親哺乳時，他會用拳頭緊握的小手穩固乳房吸允母乳，男嬰兒這種肢體語言，並不是男女肌膚之親的生理反應，而是他需求營養來源的一種自然本能。

終日號而不嗄，和之至也

嬰兒整天啼哭也不會嗓音嘶啞，這是他與母親溫和溝通方式，直到他被懷抱哺乳與呵護。

知和曰常，知常曰明，益生曰祥

知道百姓吶喊，就如同嬰兒啼哭一樣，這是合乎常理的求生
本能；知道百姓訴求合乎常理，就應該廣施德政，這才是政
治清明的氣象；施政能利益百姓解決民生問題，如此一來，
國家社會秩序自然回歸祥和。

心使氣曰強，物壯則老，是謂不道，不道早已

若是意氣用事，採用強權暴力去鎮壓傷害百姓，表面上壯大
鞏固了強權，實質上卻是大失民心，此乃國本衰老敗亡的跡
象；這種背離民心、殘暴不仁的政治氣象，稱之為「不道」，
不道之君，很快就會失去他的政權地位。

此卷經文，再度體現出老子對於人事物觀察之細膩程度，他老人家精湛比擬之思維，可謂天下一絕，老子玄妙思想語彙堪稱無與倫比，首句「含德之厚，比於赤子」人們可以拿來運用於日常生活之中，期許自我勉勵，進而律己修身，因為我們說話經常隨心所欲，不論是否有意或無意，當一個人說話不當，帶刺傷人之事，時有所聞，更甚者害人輕生亦有耳聞。

古人云：一言可以興邦，一言可以喪邦，這是語出《論語》子路篇，即使是聖人也謙虛接受別人的意見，何況是凡夫俗子？身為一國之君，一言一行關乎萬民百姓生計，更應該注重含德之修養。

隋煬帝楊廣是歷史上亡國暴君之一，他天資過人，絕非昏庸之輩，但是他從不聽人勸諫，由於恃才矜己、傲慢自大，短短十四年就斷送了隋文帝克勤克儉、勵精圖治開創的大好江山。

他曾公開對大臣說：「我生性不喜人勸諫，有諫我者，當時不殺，後必殺之。」

唐太宗深以隋煬帝「拒諫飾非」為鑒，他曾對大臣說：我讀隋煬帝集，文辭深奧博大，隋煬帝也知道讚揚堯舜、批評桀紂，為什麼當他掌權執政之後，做事卻不是這樣呢？

大臣魏徵回答說：「自古以來人君難為，只因出言即成善惡，隋煬帝說的是堯舜的話，做的卻是桀紂的事，如果人君能聽臣下勸諫，國家就會興盛，若出言只是想讓人服從，國家就會滅亡。」魏徵曾多次上疏直陳其過，唐太宗以隋煬帝為鑒，執政期間虛心納諫、擇善而從，因而開創了唐朝「貞觀之治」的太平盛世。

秦始皇是中國史上第一位使用「皇帝」稱號的君主，他統一天下後，繼承了商鞅變法的郡縣制度和中央集權，統一度量衡、車同軌、書同文、行同倫及典章法制，奠定了中國政權專制政治的新格局，秦始皇被明代思想家李贄譽為「千古一帝」；然而，秦始皇在位期間殘暴不仁、施政急躁，包括修築長城、阿房宮、驪山陵等浩大工程，令百姓徭役過重而大失民心，秦朝在他死後三年就迅速滅亡，秦始皇號稱統一天下，他建立秦朝只有維持短暫的十五年，是中國歷史上享國最短的朝代。

「良言一句三冬暖，惡語傷人六月寒」出自《增廣賢文》，說一句好話，就能給人帶來很大安慰，足以溫暖三個寒冬；而一句不合時宜的話，就如一把利劍，刺傷他人脆弱的心靈，即使在炎夏六月，也感到陣陣的心寒。

印度大詩人泰戈爾說：「世上最強的就是人類求生本能，因為這種本能使得人們，能夠在充滿挫折與挑戰的人生路上，逆風前行。如果無法適應，生存的痛苦就會加劇，生存的困難就會增多；人生充滿選擇，即使遭遇非常惡劣的情況，你依舊可以選擇正面的做法」。

卷 五十六

知者不言，言者不知
塞其兌，閉其門，挫其銳，解其紛
和其光，同其塵，是謂玄同
故不可得而親、不可得而疏
不可得而利、不可得而害
不可得而貴、不可得而賤
故為天下貴

知者不言，言者不知

知道重視口德之人，不會口出惡言傷害他人；說話尖酸刻薄
之人，不知道口德的重要性。

塞其兌，閉其門，挫其銳，解其紛

堵塞口出惡言不要讓它兌現，關閉挑撥是非的大門，挫鈍針
鋒相對的銳氣，可以有效化解人與人之間溝通的紛爭。

和其光，同其塵，是謂玄同

大家都在陽光下共同生存，彼此應該和諧尊重；每一個人的
生命，最終同樣都要回歸塵土，何必用言語彼此傷害；這種
相互尊重、彼此友善對待的普世價值觀，稱之為「玄同」。

故不可得而親、不可得而疏

因此口德，可以說是一種無形「不可強求而得」的美德，它
適用於我們親近的家人，也適用於生疏的外人。

不可得而利、不可得而害

它適用於立場相同利益者，也適用於對待敵方禍害者。

不可得而貴、不可得而賤，故爲天下貴

它適用於身分地位高貴者，也適用於身分卑賤者；所以口德，可以說是天下人都必須重視的一種玄同美德。

本卷經文乃上卷「含德之厚」之延伸議題,「口德」屬於日
常生活中,人們說話約定俗成的一種自主行為規範,《荀子‧
正名》曰:「名無固宜,約之以命,約定俗成謂之宜,異於
約則謂之不宜」;宋代陳元靚《事林廣記‧卷九》有言曰:
「是非只為多開口,煩惱皆因強出頭」。

《孔子家語‧觀周》記載,孔子在參觀周王祭先祖的太廟時,
看到臺階右側立著一個銅鑄的小金人,其嘴被絷了三道封
條,在這個銅鑄金人的背面,刻著一行字「古之慎言人也」,
意思是說此金人是古代一位說話極其慎重之人,孔子因此得
到了啟發,在諄諄教誨弟子時,總是十分強調「君子訥于言,
而敏於行」,這是《金人三緘》、《三緘其口》的成語典故,
比喻說話之人要謹慎而言。

分享《法鼓山‧聖嚴法師》一段精彩智慧語錄:俗話說「禍
從口出」,說話不得體,常常會傷人又傷己,引起很多麻煩,
佛教有所謂的「妄語」,不論是一般人喜歡聽的虛偽奉承、
空洞修飾或是討厭聽的刺激、辱罵、譏諷的言語,以及誘使
人犯罪的說詞,全部都是妄語,也可以說,凡是會讓自己產
生煩惱、他人受到傷害的話語,都是妄語。

妄語的範圍很廣約略可分為四種：妄言、綺語、兩舌與惡口，「妄言」是說謊存心騙人；「綺語」是花言巧語、言不及義；「兩舌」是挑撥離間，使得人們互相仇視變成對頭冤家；「惡口」是口出惡言，使別人受到傷害。

因此我們在日常生活中，除了做到不妄言、不綺語、不兩舌、不惡口，更要積極地以誠實語、尊敬語、讚歎語、慰勉語來與他人互動，如果能淨化我們的語言，我們的環境裡就會減少很多的口舌是非。

《論語‧衛靈公》子曰：「可與言而不與之言，失人；不可與之言而與之言，失言。知者不失人，亦不失言。」孔子說：應該對他說的話，卻不對他說，這樣會失去了朋友；不應該對他說的話，卻對他說，這就是說錯了話。說話有智慧的人既不失去朋友，也不會說錯話。

國學大師南懷瑾解讀本卷後段經文說：修道人的作為，沒有親疏、沒有利害、沒有得失貴賤，永遠站在真正中庸之道，「故為天下貴」。

唐代詩人白居易，曾做過一首詩：「言者不如智者默，此言我聞於老君；若道老君是智者，如何自著五千文？」顯然白居易也研讀過老子的道德經，至於解經悟道的真實意，其見地因人而異，如人飲水冷暖自知。

卷 五十七

以正治國，以奇用兵，以無事取天下
吾何以知其然哉？以此
夫天下多忌諱，而民彌貧
民多利器，而邦家滋昏
人多伎巧，而奇物滋起
法令滋彰，而盜賊多有
故聖人云
我無為而民自化 ，我好靜而民自正
我無事而民自富 ，我無欲而民自樸

以正治國，以奇用兵，以無事取天下

治國興邦要依循正道途徑而不要採用強硬手段；用兵要深謀遠慮，平時加強戰備民兵的軍事訓練，有事才能發揮奇兵戰力；只有施行仁愛德政取代兵事，才能取得天下人的信賴。

吾何以知其然哉？以此

我何以知曉當前天下治國用兵趨勢？因為我就置身於此世代。

夫天下多忌諱，而民彌貧，民多利器，而邦家滋昏

天下百姓最忌諱戰爭，無奈各國窮兵黷武、終年爭戰不休而導致壯丁人口貧少；徵召越多的民兵投入戰場，不但虛耗國家財力而且牽累無數家庭生活陷入昏暗。

人多伎巧，而奇物滋起，法令滋彰，而盜賊多有

戰亂期間，百姓為了生存只能被迫伎倆取巧，而導致各種奇怪荒誕的脫序行徑不斷滋生；朝廷嚴苛律令越彰顯，越凸顯盜賊倡狂嚴重程度，這些都是戰爭所衍生的社會亂象。

故聖人云

所以聖人針對以上危害天下四大亂象，提出了「撥亂反正」的對應之道。

我無爲而民自化，我好靜而民自正

執政者若能秉持大公無私的作為，而民怨自然能夠得到化解；提倡安定社會的善良風氣，而民眾脫序行為自然能改善端正。

我無事而民自富，我無欲而民自樸

執政者安於現狀不興兵爭霸，而人民減少稅賦自然歲稔豐富；執政者不貪圖私欲，而百姓自然能效法樸素節儉的生活美德。

經文中「以此」一詞，共出現過三次，其語意猶似佛教經典中的「如是我聞」，乃彰顯當事者身歷其境、見聞真實不虛。

《管子‧牧民》曰：國有四維，一維絕則傾，二維絕則危，三維絕則覆，四維絕則滅；傾可正也，危可安也，覆可起也，滅不可復錯也；何謂四維？一曰禮，二曰義，三曰廉，四曰恥。

諸侯爭霸違逆周制之禮，禮失則天下多忌諱而民彌貧；大國不斷興兵征戰併吞小國，乃失義於小國、失義於天下，故而民多利器而邦家滋昏；戰爭耗損財力甚鉅則廉政失矣，國家財源不足必強加稅賦於民，導致民多伎巧而奇物滋起；戰亂禍起社會治安敗壞，羞恥之心蕩然無存，故法令滋彰而盜賊多有。

《管子‧兵法第十七》曰：明一者皇、察道者帝、通德者王、謀得兵勝者霸；故夫兵雖非備道至德也，然而所以輔王成霸；今代之用兵者不然，不知兵權者也，故舉兵之日，而境內貧、戰不必勝、勝則多死、得地而國敗，此四者，用兵之禍者也，四禍其國而無不危矣。

管子說：通曉萬物一貫的本質，可以成就皇業；明察治世之道的，可以成就帝業；懂得實行德政的，可以成就王業；深謀遠慮取得戰爭勝利的，可以成就霸業。所以用兵，雖然不是具有完備高尚的道德，但可以輔助王業和成就霸業。如今用兵的人卻不明此理，不曉得用兵是要權衡得失的。所以，一發動戰爭就使國內貧窮，打起仗來沒有必勝的把握，打了勝仗則死亡甚多，得了土地而傷了國家元氣。這四種情況，是用兵的禍害，一個國家擁有這四種禍害，沒有不危亡的。

《史記・殷本紀》記載：「周武王之東伐，至盟津，諸侯叛殷會周者八百」；《呂氏春秋・觀世》曰：「周之所封四百餘，服國八百餘」；國學大師錢穆在「國史大綱」載言，封建初期的國家，其先只限於一個城圈，此既所謂「國」，國有三訓，周禮曰「惟王建國、以佐王治邦國、大曰邦、小曰國」是也。

因此依據先秦古籍史料統計，周之所封諸侯國可查證者約有百餘國，史料記載春秋 242 年間，先後發生大小戰事 480 餘起，諸侯朝聘盟會 450 餘次，共有 52 個諸侯國被滅，36 名君主被殺，至戰國初期大小國家只剩餘二十來個即秦、魏、韓、燕、趙、齊、楚等戰國七雄，其小國有越、東周、宋、衛、中山、魯、滕、鄒，以及名不經傳的林胡、樓煩、巴、蜀、東胡、儀渠等，這二十多個國家為了爭霸之私，都沾滿了他國的鮮血，甚至一些爭霸的國君，在短短十幾年內就滅掉數十個國家，例如齊桓公併吞 35 國；晉獻公併吞 17 國、降 38 國；楚莊王併吞 26 國；秦穆公消滅 20 國等等，如此頻繁的戰事，卻沒有一場戰爭是為了伸張正義而征戰的，故而孟子曰：「春秋無義戰」。

春秋中期，各國為了平息天下戰亂，中原出現了兩次弭兵會盟，分別是公元前 579 年和公元前 546 年，兩次均由宋國執政華元、向戌召集，所謂的弭兵就是和平共處以及平分霸權，第二次弭兵之會盟，給中原地區帶來了四十年的和平局面，宋國以弱小國家之姿，能扛起維持天下秩序的大旗，這本是周室天子理應善盡的天職，無奈周天子置身事外、渾然不知汗顏，足見其昏庸無能程度，已病入膏肓、無力回天，難怪老子會離開周室王朝，騎牛西行。

卷 五十八

其政悶悶，其民淳淳
其政察察，其民缺缺
禍兮福之所倚，福兮禍之所伏
孰知其極，其無正耶
正復爲奇，善復爲妖，人之迷也，其日固已久矣
是以聖人
方而不割，廉而不劌，直而不肆，光而不耀

其政悶悶，其民淳淳；其政察察，其民缺缺

律法政令沉悶不興，顯示社會民風淳樸，百姓生活懂得自律而奉公守法；律法政令明察秋毫、盛興不衰，顯示社會民風敗壞，百姓嚴重缺乏自律而違法亂紀叢生。

禍兮福之所倚，福兮禍之所伏

遭遇禍事能臨危不亂、應對得宜，有時候可以因禍而得福；福事降臨若不知惜福、肆意妄為，有時候反而會惹禍上身。

孰知其極，其無正耶

誰能預知吉凶禍福最終如何造化？其實這種現象並沒有固定不變的法則。

正復為奇，善復為妖

有時候一成不變的正念，偶而也會造成不可預期的後果；有時候不求回報的善舉，偶而也會被他人質疑心懷不軌。

人之迷也，其日固已久矣

這是人性最常見的迷思，這種現象出現在日常生活中，相當普遍而且由來已久。

是以聖人，方而不割，廉而不劌，直而不肆，光而不耀

所以聖人並不會執著於禍福的迷思；
他們公正無私而不會循私割捨公義；
他們清廉剛毅而不會惡意傷害他人；
他們心性耿直而不會大膽肆意妄為；
他們光明磊落而不會刻意炫耀才華。

本卷經文之禍福乃以國家內政為探討主題，用於個人之人生際遇，亦復如是。《孔氏家語‧五儀解第七》記錄了一段魯哀公與孔子對話內容，哀公問孔子曰：「夫國家之存亡禍福，信有天命非唯人也。」孔子對曰：「存亡禍福皆己而已，天災地妖不能加也。」公曰：「善！吾子言之，豈有其事乎」？

魯哀公問孔子：國家的存亡禍福，我相信是由天命所決定，不是人所能左右的。

孔子則回答說：國家的存亡禍福，完全取決於執政者之作為，不能歸咎於天地異常的災禍。

哀公說：好！您所說的話，可有事實根據嗎？

孔子說：從前殷商紂王時代，在國都的城牆邊，有一隻小雀鳥生出一隻大鳥，占卜者對紂王說：「凡是以小生大，國家必將稱霸天下，而且國運會越來越昌盛。」於是，紂王憑藉雀鳥所帶來的好兆頭，反而毫無顧忌肆意妄為，不但荒廢國家朝政，而且採用極度殘暴手段對付臣民百姓，朝中大臣沒有人能勸說阻止，導致外面的敵對勢力攻打過來，殷商因此而滅亡，這就是紂王自己暴逆無道，背離了原來大吉的天象徵兆，因此「雀生大鳥」之福兆反而釀成了滅亡的禍根。

反觀紂王的祖先殷王太戊的時代，社會道德敗壞、國家法紀紊亂，某日朝堂竟然出現異常植物，長出了桑穀而且長得很快，七天就要用雙手才能合抱，占卜者說：「桑樹和穀子是生長在野外的植物，而不應該生長在朝中，但是現在卻生長在一起，這意味著國家將要滅亡。」於是太戊聽後十分害怕，就開始認真檢討政策並且勤於修養自己德行，他不斷思考先王如何治理朝政，積極效法落實利民之正道措施，三年以後，遠方國家都慕名不惜千里迢迢，派遣使者來朝覲見，前來學習治國之道，這樣的國家多達十六個，這就是太戊自己仁政愛民，扭轉了原來不好的天象徵兆，轉禍為福的例子。

子曰：「故天災地妖，所以儆人主者也，寤夢徵怪，所以儆人臣者也，災妖不勝善政，寤夢不勝善行，能知此者，至治之極也，唯明王達此。」公曰：「寡人不鄙固此，亦不得聞君子之教也」。

孔子說：所以天降災厄、地生異兆，是上天用來警告國君的；臣子夢到有寓意的或奇怪的事，是上天用來警告臣子的，天災地妖不足以影響良善的國政，睡覺做夢不足以影響良善德行，能夠知道改惡從善、持善除惡的道理，才是最好的治國興邦的辦法，只有聖明的君王能做到這一點。

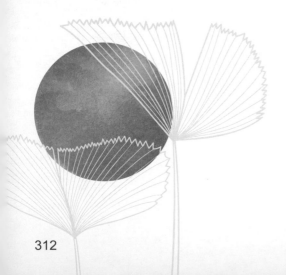

魯哀公説：如果不是我的見解淺陋固執，也就不能聽到您這樣的教誨了。

所謂「天有不測風雲，人有旦夕禍福」，禍福不但難以預測而且飄忽不定，我們不能改變已經發生的事實，但是可以改變對待事物的心態，所以存乎於一心之正念，是轉化禍福迷思的關鍵；故《荀子‧大略》有言曰：「口能言之、身能行之，國寶也；口不能言、身能行之，國器也；口能言之、身不能行，國用也；口言善、身行惡，國妖也；治國者敬其寶、愛其器、任其用、除其妖」。

卷 五十九

治人事天，莫若嗇
夫唯嗇，是以早服
早服謂之重積德
重積德則無不克，無不克則莫知其極
莫知其極可以有國，有國之母可以長久
是謂深根固柢，長生久視之道也

治人事天，莫若嗇

治理四方歸順而來的人民，要心存敬畏之心，就像敬畏上天一樣，而不要把他們當成收割的戰利品，儲存起來放任不管。

夫唯嗇，是以早服，早服謂之重積德

真正要收割儲存的是降服民心，讓他們儘早服從領導、回歸正常生活，這就是「早服」；要做到讓流浪歸降的百姓能盡早服從領導，就是要尊重他們、累積民心、施行德政，這就是所謂的「重積德」。

重積德則無不克，無不克則莫知其極

執政者能如此重積行德，就能克服降民所憂慮的民生問題；幫助他們克服解決了民生問題，歸順之人就不會有後顧之憂。

莫知其極可以有國，有國之母可以長久

他們無後顧之憂，就會有認同這個國家的觀念產生；有了對國家的認同，他們就會視之為自己的母國，如此才能維持長治久安。

是謂深根固柢，長生久視之道也

一旦民心深根穩固就不怕動搖，經過世代傳承，他們後代子孫就變成土生土長的母國子民，這才是「長生久視」之道。

「嗇」是本卷經文之關鍵字，「嗇」有二義，形容詞為小氣，泛指該用的財物捨不得用，如吝嗇；而動詞為通古之「穡」，即指收割穀物，種曰稼、斂曰嗇，如稼嗇。

多數學者觀其「嗇」字，習慣以形容詞「吝嗇」解之，然本卷之「嗇」字宜採動詞，通古「穡」之義，方可順理成章。

春秋時期諸侯爭戰稱霸紛擾不休，遭大國併吞的小國之民，他們生活處境如何？是否保有原本的生存權益？身為亡國之民，是否因此淪為諸侯大國統治下的二等公民？這是一個值得嚴肅省思看待的問題，也是當機者不容輕忽的流民問題，可惜先秦古籍對此現象未曾有所著墨。

流民是人類進入階級社會之後，普遍存在一種人口移動現象，約在中國建立起第一個奴隸制國家的「夏朝」，流民亦隨之在中國大地上出現，隨著歲月的流逝與社會的演進，加上戰亂因素，流民問題不僅未能消除，反而變得越來越嚴重，流民所形成的政治與社會問題，是世界各國都不容輕忽的難題。

戰爭所導致的降兵戰俘、降民以及難民，他們的人生因此被貼上了「亡國奴」的標籤，時至今日根據聯合國難民署的資料統計，全球逾 8,930 萬人被迫離開家園，刷新了歷史新高紀錄，其中有近 2,710 萬名難民，約半數為 18 歲以下的人士，此外數以百萬的無國籍人士被剝奪了國籍和基本權利，如教育、醫療衛生、就業和行動的自由等。

周朝的社會結構是周天子、國人（周貴族、周平民、外族貴族）、野人（外族平民、土著人、奴隸），周朝是按照貴賤區分，貴族是國人，卑賤的平民和奴隸都劃歸為野人，野人成為貴族盤剝的對象，周朝基本上是農耕國，人民自由度不高，加上階層相對固定，奴隸獲得自由的可能性就很低，遑論亡國戰俘奴隸百姓猶似芻狗般的下場，可以想見他們內心，對於安定生活的渴望程度。

公元前 356 年秦孝公採用法家「商鞅」提出的政治改革變法，商鞅在秦國頒布《墾草令》，作為全面變法的序幕，主要內容有重塑社會價值觀，提高農業的社會認知度、削弱貴族、官吏特權，讓國內貴族加入到農業生產中、實行統一的稅租制度，同時打開了平民奴隸翻身的機會，一時之間，秦國周邊相鄰國家的百姓、紛紛舉家投奔秦國蔚為風潮。

秦孝公在位期間致力於恢復秦穆公時的霸業，他因此頒布著名求賢令，任用商鞅進行變法，將秦國改造成為富裕強大之國，為秦國日後兼併六國，統一天下奠定了深厚的基礎，秦國歷經商鞅兩次變法之後，國家經濟得到大發展，軍隊戰鬥力也不斷提升，發展成為戰國後期最富強的集權大國，當時的天子周顯王還特別派使臣賜予秦孝公霸主的稱號，諸侯各國也紛紛派使者前來祝賀；公元前 348 年，韓昭侯親自前往秦國，與秦孝公簽訂停戰盟約；公元前 342 年，秦孝公派太子駟率領西戎九十二國朝見周顯王，顯示了秦國在西方霸主的地位，於是各國掀起了「變法運動」，如魏國的李悝變法、楚國的吳起變法等。

流民是引發社會動盪的因素之一，宋朝政府對流民問題也相當重視，還特別制定國策，多次進行救助賑濟流民。淳化四年公元 993 年三月，宋太宗在《招誘流民複業給複詔》規定：流民回歸五年，得令輸租調如平民；仁宗天聖年間，帝每下赦令，輒以招輯流亡、募人耕墾為言，逢災年則招募流民和饑民當兵，充分體現母國牧民之精神。

泰格爾說：雖然，這個世界並不如想像中的美好，許多事也不能盡如人意，它有順境、有逆風，有溫暖、也時而令人落淚嘆息，不過我們仍要用真摯的態度，努力、認真地活過只有一次的人生。

卷六十

治大國，若烹小鮮
以道蒞天下，其鬼不神
非其鬼不神，其神不傷人
非其神不傷人，聖人亦不傷人
夫兩不相傷，故德交歸焉

治大國，若烹小鮮

大國百姓是多元種族的融合，為了避免引發族群對立的民怨，治理之道就要如同烹煮小魚小蝦，宜用溫和火侯，不宜採用高壓殘暴手段打壓異己。

以道蒞天下，其鬼不神

以「仁政之道」善待百姓、不分彼此、不分貴賤，這是天下百姓共同的心聲；執政者能如此奉行，就不用把國家的安定祥和，寄託在每年宗廟祭祀大典的儀式上。

非其鬼不神，其神不傷人；非其神不傷人，聖人亦不傷人

不是質疑宗廟祖靈沒有顯現護國的神力，而是護國神力並不會有傷害百姓的動機；不是只有護國神力不會傷害百姓，聖人輔佐治國也不會傷害百姓。

夫兩不相傷，故德交歸焉

這兩種神聖的形式都不傷害百姓，是因為二者都具備了「大公無私」護國愛民的美德。

「五味調和說」與「火候論」，是商朝開國元勳伊尹，借烹飪之事而言治國之道的第一人，伊尹說：「美味的烹調，凡味之本、水最為始，烹飪的用火要適度，不得違背用火的道理，五味三材、九沸九變、火為之紀，時疾時徐，烹飪的全過程集中於鼎中的變化，而鼎中變化更是精妙而細微，語言難以表達，心中有數也更應悉心去領悟，若射禦之微，陰陽之化，四時之數」。

老子本卷經文內容，乃強調當權者施政的德行優劣，遠勝於宗廟祭祀儀式的規模大小；祭祀是古代一種信仰活動，源於天地和諧共生的敬畏之心，《周禮・天官・大府》之記載：「邦都之賦，以待祭祀」；《左傳・文公二年》曰：「祀，國之大事也。」先秦時期國家所征的稅賦，主要都是用於祭祀，因為這是國家的大事。

祭祀大致分為三類，即祭天神、祭地祇、祭人鬼，周禮對祭祀有相當嚴格的等級制度和禮儀規範；其中，天神和地祇只能由天子祭祀，諸侯大夫可以祭祀山川，一般士紳和平民百姓只能祭祀自己的祖先和灶神。

據記載，中國早在周朝時就形成了完善的祭天儀式，每年冬至這一天，周天子都在國都南郊的圜丘，舉行盛大的祭天儀式，後人稱之為「郊祀」；春秋禮樂崩壞之後，大國諸侯紛紛僭越禮制，擴大舉辦祭祀大典規模，用來彰顯其霸主的地位，例如齊國祠天主於天齊，意為「天之肚臍」，象徵天的中心位置；秦國則確立了時祭，在雍城郊外設立四時祭祀白帝等四帝，以標榜自己統治天下的合法性。

諸侯封國面積大小不一，爵位也有高低，為五等即「公、侯、伯、子、男」，諸侯不得祭祀天子之宗廟；卿、大夫不得祭祀諸侯之宗廟；諸侯在自己的采邑內，可設立自己的宗廟，以便祭祖；諸侯的嫡長子永世為宗子，諸侯的宗子繼承諸侯的權力位置，其他的兒子立為卿、大夫，享有食邑；只有宗子才有祭祖的權利，其餘諸子祭祖會被視為僭越、忌諱，宗子有故而不能致祭，那麼庶子才可代為祭祀，這是西周的宗法制。

《左傳‧僖公五年》記載：公曰「吾享祀豐潔，神必據我。」對曰：「臣聞之，鬼神非人實親，惟德是依，故《周書》曰皇天無親，惟德是輔。」又曰：「黍稷非馨，明德惟馨。」又曰：「民不易物，惟德繄－物」。

虞國公說：我的祭品豐盛潔淨，神必然會特別保佑我。

虞國大夫宮之奇回答說：我聽說，鬼神不是隨便親近某人的，而是依從有德行的人，所以《周書》說，上天對於人沒有親疏不同，只是有德的人，上天才保佑他。又說：黍稷不算芳香，只有美德才芳香；人們拿來祭祀的東西都是相同的，但是只有德行俱足的人所獻祭品，才是真正的祭品。

《管子‧內業第四十九》曰：「凡物之精此則為生，下生五穀上為列星，流於天地之間，謂之鬼神，藏於胸中謂之聖人。」

管子說：所有事物的精氣，結合起來便有了生機，在地下就產生出五穀，在天上就是天體群星，流動在天地之間的叫作「鬼神」，儲藏在人的心中就稱之為「聖人」。

卷六十一

大國者下流，天下之牝
天下之交，牝恆以靜勝牡
為其靜也，故宜為下
大國以下小國，則取小國
小國以下大國，則取大國
故或下以取，或下而取
大國不過欲兼畜人，小國不過欲入事人
夫皆得其欲，則大者宜為下

大國者下流，天下之牝

大諸侯國所採取的外交政策，其所孕育出之格局，它將影響著天下安定與否的趨勢。

天下之交，牝恆以靜勝牡

天下外交趨勢，大國以母國守護鄰近小國的懷柔政策，遠勝於採取武力併吞的霸道手段。

爲其靜也，故宜爲下

天下百姓都希望享有寧靜安定的生活，所以大國宜採用安定天下的懷柔政策，來善待小國。

大國以下小國，則取小國

大諸侯國善待鄰近小國，自然就能贏得小國百姓的民心。

小國以下大國，則取大國

小諸侯國對待大國稱臣納貢，自然就能取得大國的信任。

故或下以取，或下而取

所以不管大國採取「懷柔政策」或小國採用「稱臣納貢」的外交手段，都是有助於維持天下和諧的局面。

大國不過欲兼畜人，小國不過欲入事人

大國的欲望不過是想要擴大領土與增加人口，小國的欲望不過是想維護百姓基本生存權益。

夫皆得其欲，則大者宜爲下

想要滿足雙方的欲望，大國適宜率先表態釋放善意，而不要把採取武力當作是唯一的途徑。

此卷經文老子點出了大小諸侯國不同之欲望，雙方若採取柔性的外交政策，不但可以平衡欲望各取所需，還能避免發生戰爭造成生靈塗炭；無奈東周之後周天子既無能又權力式微，已經完全喪失主持維護天下公義之能力，因此導致大諸侯國爭霸野心興起，春秋戰國時期天下戰火紛爭長達 500 餘年，天下百姓可謂民不聊生、苦不堪言。

西周時期大小國的兵力規模，是以戰車數量多寡來決定的，而諸侯國的軍事規模大小，則由周天子所制定，各國必須嚴守周制規矩不得踰越，但是進入東周春秋時期，周天子失去威權之後，天下交流的格局已完全掌握在大諸侯國手中，大國開始踰越禮制擴充軍事規模，一時之間大國彼此競相爭霸、紛紛併吞鄰近周邊小國，這是當時天下格局的走勢，小國可以說是毫無招架之力的，只能任由大國予取予求，這種情況也能用「大國若烹小鮮」來形容，所以大國可以採用招降的懷柔政策，不必爭強顯威而興兵殺戮，小國之君也不用為了個人榮辱而賭上慘遭屠城的命運。

此外春秋時期的作戰形式，有著令人匪夷所思的對戰規矩，當時戰爭有三大原則，一是「出師有名」，不能因個人私慾而隨興發動戰爭；二是「不鼓不成列」，必須等待對方擺好作戰陣容，才能擊鼓進軍；三是「手下留情」，不能對受傷的人再次攻擊，不能追擊落敗的對手！

公元前 597 年，晉國和楚國爆發了邲ㄅ之戰，由於晉國上下不能同心協力，內訌不斷，被楚國抓住機會逐一擊破；撤退時，晉國的許多戰車陷入泥坑，拖不出來，大大延遲了撤軍的速度，楚國人追上之後，不但沒有動刀槍廝殺，反而是過去指導晉軍如何挖坑、扔重物、協助脫困，晉軍脫離困境後，楚國人笑嘻嘻嘲諷晉國人有空常來玩，晉國人邊駕著車邊回頭說：「吾不如大國之數奔！」意思是說，我們才不像貴國有這麼豐富的逃跑經驗。

公元前 575 年，楚晉又發生大戰，楚王親率大軍北上，結果被晉國上下一心殺得大敗而歸，楚王率領殘軍慌忙逃跑，誰料路況不熟，轉了一圈後，竟誤入晉國的大後方，遇上晉國後軍統帥的精銳部隊，楚王一行人等同自投羅網、自尋死路，沒有想到晉國後軍統帥，看見楚王就像小粉絲遇到大明星一樣，連忙摘下頭盔，急忙跑到楚王面前行個大禮，楚王在車上也煞有其事的回禮，就在數萬敵軍的眾目睽睽之下，楚王一行人安然地逃回了楚國。

公元前 521 年，宋國的公子城與華豹發生衝突，華豹率領大軍進攻宋國首都，並親自張弓搭箭向城射去，結果沒有射到任何人，不過他速度很快，又一次搭箭上弦準備射箭，此時城樓的公子城見狀，對他喊：「不更射為鄙！」意思是說，你既然沒射中，就該輪到我了，你不守規矩，是很卑鄙無禮的行為！華豹聽了，默默放下弓，老老實實地等公子城搭弓準備，結果就被一箭射死了。

卷 六十二

道者，萬物之注也
善人之葆也，不善人之所葆也
美言可以市尊，美行可以加人
人之不善，何棄之有
故立天子、置三公
雖有拱璧以先駟馬，不如坐進此道
古之所以貴此道者何也
不曰求以得，有罪以免耶，故爲天下貴

道者，萬物之注也

上天之道有「好生之德」，是灌注萬物生化的源頭，也是萬物繁衍生存的自然法則。

善人之葆也，不善人之所葆也

它讓行為友善之人，能夠繁衍生存、也讓行為不友善之人，同樣能夠繁衍生存。

美言可以市尊，美行可以加人

執政者說句讚美老百姓的話，就可以受到市井小民的尊重，執政者原諒赦免犯過錯的臣子，就可以讓他成為自己的心腹。

人之不善，何棄之有

對於那些言行立場不相同的人，為什麼就要輕易放棄他們呢？

故立天子、置三公

所以周室先祖為了鞏固天子之地位，設置司馬、司徒、司空三公之職並制定禮法，來輔佐天子治理天下。

雖有拱璧以先駟馬，不如坐進此道

雖然三公代天子巡視天下，坐在四匹駿馬牽駕的馬車上，龐大隊伍前面懸掛著象徵天子的拱璧玉器，用來彰顯天子之威儀，以達到恫嚇異己之效；倒不如坐進「上天」之道，展現天子大公無私的「好生之德」來善待異己。

古之所以貴此道者何也

上古聖賢先王效法上天之道，推舉才德出眾之人來領導百姓，是為了甚麼呢？

不曰求以得，有罪以免耶，故為天下貴

當然是為了倚重有才德之人，施行仁愛德政來安撫四方民心，讓不善之罪人赦免其死刑，讓他們有改過向善的機會，所以「好生之德」才是治理天下的王道。

「犬戎」系古戎族的一支，殷周時遊牧於涇渭流域，是殷周西方的一個強大部族，周文王曾對之用兵，使其「荒服」于周，荒服是指五服最遠的地方，《五服論》則指以天子為核心，根據距離和親疏畫五個同心圓，天子直接統治地區為「甸服」，環繞天子建立起來的列國為「侯服」，侯服之外為「綏服」，其外是「要服」和「荒服」，與五服論相匹配的制度為朝貢，其頻率根據親密程度而大有區別，甸服每日朝貢，侯服按月，綏服按季度，要服按年，而荒服則只朝貢一次。

周昭王南征溺死後，其子姬滿即位，是為周穆王，西北犬戎部族雖按禮制向周朝「荒服」進貢，但周穆王對此並不滿意，決定以「不享」的罪名去討伐犬戎部族，並以此向犬戎部族和西北其它部落炫耀武力。

祭公謀父曾提出不同意出征的意見，主張實行周文王時期「耀德不觀兵」的政策，穆王不聽奉勸，由於穆王對邊疆少數民族採取高壓的政策，因而埋下日後西周滅亡的後果，《史記‧周本紀》：「自始荒服者不至」，至此周王朝在西北一些周邊外族部落中失去了威信，他們不再「荒服」進貢。

傳說中周穆王所擁有八匹神駒，其分別名為「絕地、翻羽、超影、奔霄、踰輝、超光、騰霧、挾翼」，《穆天子傳》名為：「赤驥、盜驪、白義、踰輪、山子、渠黃、華騮、綠耳」，能日行萬里，周穆王常乘此八匹駿馬巡視周朝之領地。

中國古代巡視制度的萌芽，在堯舜禹時期已經出現，堯讓舜代天巡視，《尚書·舜典》記載：「五載一巡守，群後四朝，敷奏以言，明試以功，車服以庸。」意思是說，舜每隔五年就代天巡視一次，各方諸侯在衡山、泰山、華山、恆山四岳朝見，各自報告政績，舜根據諸侯的政績進行評定，論功行賞，賜給他們馬車和服飾。

天子駕六是西周制定的禮制之一，天子所御駕六，其餘副車皆駕四，故駟馬指三公所乘駕之馬車；《逸禮·王度記》曰：天子駕六，諸侯駕五，卿駕四，大夫三，士二，庶人一。

三公，是中國古代地位最尊貴的三個官職的合稱，其職責乃輔佐天子治理天下。《尚書·周官》：「立太師、太傅、太保茲惟三公，論道竟邦，爕理陰陽，官不必備，惟其人。」三公雖早已有之，但歷代所指的具體官職名稱並不完全相同。《漢書·百官公卿表》：太師、太傅、太保是為三公，德劭者居之；或說「司馬」主天、「司徒」主人、「司空」主地是為三公，才高者居之；或說丞相主民、太尉主軍、御史大夫主監，德才兼備者居之。

《荀子‧正論篇》有一段天子出巡的描述:「三公奉軛𢎥持納,
諸侯持輪挾輿先馬,大侯編後、大夫次之、小侯元士次之、
庶士介而夾道,庶人隱竄莫敢視望。」意思是說:天子出巡
的時候,三公大臣扶著駕車的曲木和馬韁繩,諸侯有的扶著
車輪,有的站在車的兩旁,有的牽著馬在前面引路,大國的
公侯跟在後面,大夫跟隨在公侯後面,小侯、上士又隨其後,
士兵們披著甲在兩旁警衛,一般百姓都躲藏逃避而沒有敢抬
頭看的。

此卷經文乃老子觀察「傳位不傳賢」世襲制所衍生之弊端,
隱喻當朝天子德義不足,三公有辱聖命、有難辭其咎之責,
尤其對西周時期周穆王所制定「呂刑」酷刑之法,深惡痛絕,
嚴厲批判「呂刑」乃用來排除異己、草菅人命,違背上天
「好生之德」,故而言之「人之不善,何棄之有?」老子關懷
生命、悲天憫人之大愛胸襟,可見一斑。

引用《百度百科》網頁載記:西周初年即有刑法,分輕典、
中典、重典,合稱「三典」,用以維護其統治和社會安定;
西周中期社會階級矛盾尖銳,周穆王命呂侯制定《呂刑》,
有墨、劓ㄧˋ、剕ㄈㄟˋ、宮、大辟五刑共三千條,按刑種分類,
計墨刑千條、劓刑千條、剕刑五百條、宮刑三百條、大辟二
百條,法網之密可想而知。

「墨刑」又稱黥刑、黥面、刺面，在犯人的臉上或額頭上刺字如奴、婢、盜、賊或圖案，再染上墨，作為受刑人的標誌，使之區別於常人的一種恥辱刑，是先秦時期五刑中最輕的一種刑罰；「劓刑」就是用刀割掉鼻子的一種刑罰，劓刑重于墨刑，而輕於荆刑；「荆刑」即斬趾，趾是腳的意思，乃斷足斬削犯人的腳，也稱刖刑。

「宮刑」又稱蠶室、腐刑、陰刑和椓刑，即丈夫割其勢、女子閉於宮，就是閹割男子的生殖器、破壞女子生殖機能的一種肉刑，宮刑是殘酷性僅次於大辟的一種肉刑，中國史學之父司馬遷在觸怒漢武帝，被處以宮刑之後，他在寫給朋友信中便說：「故禍莫憯於欲利，悲莫痛於傷心，行莫醜於辱先，而詬莫大於宮，刑餘之人無所比數，非一世也，所從來遠矣。」可以說，宮刑是一種比死刑懲罰，還要難受的莫大恥辱。

「大辟」俗稱砍頭，是五刑中的死刑，據《刑書釋名》周代大辟，分為七等，一曰誅之斧鉞；二曰殺以刀刃棄市，即刑於市與眾共棄之；三曰搏去其衣而磔之；四曰焚以火燒殺之；五曰辜磔之，指焚裂屍體；六曰踣斃之於市場；七曰罄縊之使斃於隱處。

北宋蘇軾・東坡先生《擬進士對御試策》：「夏禹之時，大辟二百，周公之時，大辟五百，豈可謂周治而禹亂耶」？周穆王是西周第五代天子，蘇東坡將其所制定之《呂刑》這筆爛帳，算到周公頭上，不知道是否有「夢見周公」向他提出抗議之言？

卷 六十三

為無為，事無事，味無味
大小多少，報怨以德
圖難於其易，為大於其細
天下難事，必作於易
天下大事，必作於細
是以聖人終不為大，故能成其大
夫輕諾必寡信，多易必多難
是以聖人猶難之，故終無難矣

爲無爲，事無事，味無味

為人沒有自私自利的行為；處事沒有暴力脅迫的情事；說話沒有惡言傷人的口氣。

大小多少，報怨以德

在日常生活中，即使為人處事如此謹慎，或大或小、或多或少，還是難免會遭受他人惡意的攻擊與指責，這是德行修養必然歷經的一種考驗。

圖難於其易，爲大於其細

想要學習克服困難，就必須從最容易的生活習慣開始著手；想要成就一番大事，就必須從最細小的人際關係開始努力。

天下難事，必作於易；天下大事，必作於細

要解決天下之難事，執政者必須從最容易的克勤自律做起；要成就天下之大事，執政者必須先照顧好百姓的基本生活。

是以聖人終不爲大，故能成其大

所以聖人居上位，是為了服務百姓而不是用來享受權力，他
們這種大公無私的美德，反而能贏得天下民心的讚譽。

夫輕諾必寡信，多易必多難

反觀那些經常輕易許下承諾的人，卻很少能有信守承諾的，
他們要做到「自私自利」很容易，但是要做到「大公無私」
就很困難。

是以聖人猶難之，故終無難矣

所以「自私自利」對聖人而言，是一件很困難的事，反而「大
公無私」對聖人而言，始終都是一件很容易的事。

本卷經文所探討的主題是描述德行修養的基本功，德行不是與生俱來的，而是從日常生活中薰修逐漸累積而成，只有德行豐沛且利益大眾者，方能稱之「聖人」；《孔子家語‧五儀解》孔子曰：「所謂聖人者，德合於天地、變通無方，窮萬事之終始，協庶品之自然，敷其大道而遂成情性，明並日月、化行若神，下民不知其德，覩者不識其鄰，此謂聖人也」。

《莊子‧天下》有言曰：「聖有所生，王有所成，皆原於一；不離于宗，謂之天人；不離於精，謂之神人；不離於真，謂之至人；以天為宗以德為本，以道為門兆於變化，謂之聖人」。

《黃帝內經‧上古天真論篇》曰：「有聖人者處天地之和，從八風之理，適嗜欲於世俗之間，無恚嗔之心、行不欲離於世，被服章，舉不欲觀於俗，外不勞形於事，內無思想之患，以恬愉為務、以自得為功、形體不敝、精神不散」。

《管子‧乘馬第五》曰：聖人之所以為聖人者，善分民也；聖人不能分民，則猶百姓也；於己不足，安得名聖？

聖經《馬太福音 5:39》：「只是我告訴你們，不要與惡人作對，若有人打你的右臉，連左臉也轉過來由他打。」佈道者言之，耶穌是教導基督徒不要報復，不要以牙還牙、以惡報惡，而不是教門徒採取不抵抗的態度，或在身體受到傷害時也放棄自衛。

《甘地傳》倡導「非暴力不合作」原則中，也曾提到過此言，簡單的說，就是要以善制惡，而不是以惡制惡，如果都以惡制惡，那麼世上必然充滿了惡；「左臉右臉說」不但是指我們要如何以善對待別人的惡，也是指自我修行，即自己內心的善，是否能制住內心要發出來的惡，所以為聖之道，忍辱也是一門必修的基本功夫。

「非暴力不合作」運動，是由甘地領導的印度人民，反抗英國殖民統治的一場影響深遠運動，1920 年 9 月 4 日律師出身的聖雄甘地，發起了一項不合作運動，這是世界歷史上第一個全國性的非暴力反抗運動，印度國民大會黨在 1919 年 3 月 21 日《羅拉特法》頒布與 1919 年 4 月 13 日「阿姆利則」慘案後，撤回了對英國改革的支持，他的精神思想帶領印度邁向獨立，脫離了英國的殖民統治，他的「非暴力」哲學思想，影響了全世界的民族主義者和爭取能以和平變革的國際運動。

分享《聖雄‧甘地》一句名言：「地球所提供的，足以滿足每個人的需要，但不足以填滿每個人的欲望」。

卷 六十四

其安易持，其未兆易謀
其脆易泮，其微易散
爲之於未有，治之於未亂
合抱之木，生於毫末
九層之臺，起於累土
千里之行，始於足下
爲者敗之，執者失之
是以聖人無爲故無敗，無執故無失
民之從事，常於幾成而敗之
愼終如始，則無敗事
是以聖人欲不欲，不貴難得之貨
學不學，復衆人之所過
以輔萬物之自然，而不敢爲

其安易持，其未兆易謀，其脆易泮ㄢ，其微易散

事物處於安定狀態，比較容易維持現狀；
事物尚未出現徵兆，比較容易謀畫預防；
事物越脆弱，越容易被攪拌而失去原貌；
事物越細微，越容易被吹散而失去蹤影。

爲之於未有，治之於未亂

懂得自律之人，會約束行爲不會出現有違法情事；
懂得治國之人，能在亂象出現之前及時安撫民心。

合抱之木生於毫末；九層之臺起於累土；千里之行始於足下

雙人合抱的參天古木，是從幼苗開始成長而茁壯的；
九層堆疊的高臺樓閣，是從地基開始夯土而興建的；
千里足跡的遠行之旅，是從起步開始行走而成就的。

爲者敗之，執者失之

行為自私自利者，德行必敗，執政徇私枉法者，民心必失。

是以聖人無爲，故無敗

所以聖人為人處事無私無欲，其德行自然不會敗壞。

無執，故無失

聖人秉持「大公無私」原則輔佐執政，自然不會失去民心。

民之從事，常於幾成而敗之

要求百姓順從國家政令配合行事，若採用強制手段反而容易失敗。

愼終如始，則無敗事

施政審慎奉行聖賢之道，有始有終貫徹如一，才能達成目標而不會失敗。

是以聖人欲不欲，不貴難得之貨

所以聖人的欲望就是「不追求名利」之欲，不重視珍貴稀世珍寶。

學不學，復眾人之所過

聖人所學習的就是「不自私」之學，才不會重蹈眾人「自私自利」之覆轍。

以輔萬物之自然，而不敢爲

「聖人德行」是順乎萬物永續生存的自然法則，而不敢有任何「徇私枉法」的行為。

本經卷要旨乃呼籲執政者不可貪圖安逸享樂，要懂得居安思危、以身作則。「勿以惡小而為之，勿以善小而不為」，這句話是劉備在其臨終前，遺詔中給兒子劉禪的話，劉禪也就是後人戲稱「扶不起的阿斗」，劉備目的是勸勉其子要進德修業，有所作為，不要因為小善而不做，更不能因為小惡而去做，小善積多了就成為利天下之大善，而小惡積多了則足以禍亂國家，這句話講的也是做人基本道理，值得人們銘記於心。原句記載於《諸葛亮集》中：「勿以惡小而為之，勿以善小而不為，惟賢惟德，能服於人」。

《荀子‧勸學篇》：「積土成山，風雨興焉；積水成淵，蛟龍生焉；積善成德而神明自得，聖心備焉；故不積跬步，無以至千里；不積小流，無以成江海；騏驥一躍，不能十步；駑馬十駕，功在不捨；鍥而舍之，朽木不折；鍥而不捨，金石可鏤」。

荀子說：小土石可以堆積成為高山，風雨就會從這裡興起；小水流可以匯積成為深淵，蛟龍就會從這裡產生；善行積累可以養成高尚的品德，心性自然會澄清光明，也就具備了聖人的美德；所以不積累一步半步的行程，就沒有辦法達到千里之遠；不積累細小的流水，就沒有辦法匯成江河大海；千里駿馬若怠惰慢行，牠跨躍一步，也不足十步遠；拉車劣馬若是勤快走了十天，牠行走路程會遠勝於駿馬；如果雕刻幾下就停下來了，即使腐爛的木頭也刻不斷；如果勤快雕刻而不間斷，即使金石也能雕刻成功。

孔子在《大學》中所提到的「大學之道，在明明德、在親民、在止於至善」這是統治天下理想準則，即把個人修身的好壞，看成政治好壞的關鍵，故而「內聖外王」乃是先秦時期主流思想觀點之一。

引用《維基百科》之註解：「內聖外王」意謂內有聖人之德、外施王者之政，即人格理想以及政治理想兩者的結合，以「內聖」為體，即將道藏於內心、自然無為；以「外王」為用，即將道顯示於外、推行王道；通過內修的濟世功用，以實現個人理想和達濟社會，進而達到「王道治世」這一中國傳統政治理想，「馬克思主義」史學家認為，在中國封建社會，由於專制皇權導致人治膨脹而法治不及，加上思想主張缺少分權制衡、社會制度建構的非正義性，而導致其實施起來比較困難，常常出現「內聖不外王，外王不內聖」的局面，是一種政道有餘，但治道不足的表現。

分享《詹姆斯・艾倫》一則智慧語錄：「為了一己之利而做的一切工作，既無力又經不住時間的考驗；任何服務，無論多麼微不足道，只要在沒有自我利益、只有樂於犧牲前提下提供，才是真正持久的服務；任何行為，無論表面上看起來多麼的輝煌，如果出於自私，那麼它便從根本上違背了服務定律，因而會像過眼雲煙一樣，毫無價值可言；要學習一個偉大而神聖的課程，那就是絕對的無私，聖人、賢哲將所有時間都用來完成這一課程，並指導自己生活，世界上所有的經文都介紹了這一課程，所有偉大的老師都一再重申它」。

卷 六十五

古之善爲道者，非以明民，將以愚之
民之難治，以其知之
故以知治國，國之賊，不以知治國，國之德
知此兩者亦稽式，恆知稽式，是謂玄德
玄德深矣遠矣，與物反矣，乃至大順

古之善爲道者，非以明民，將以愚之

上古時代，治理國家領導有方的聖賢之人，他們都是以身作則教導百姓，並不是對於行爲光明磊落的百姓，用律法來約束他們的學習思想。

民之難治，以其知之

如今百姓難以治理管教，是因為居上位者做了不好的示範，百姓群起效法所導致的錯誤知見。

故以知治國，國之賊

所以執政者治國若心存不當知見，濫用百姓稅收來滿足個人私慾追求，形同是偷竊國庫之賊。

不以知治國，國之德

執政者治國若懂得捨棄不當知見，不徇私舞弊以身作則端正社會風氣，這才是國家最好德政。

知此兩者亦稽式

知道這二種治國之道的差異,可以做為自我「稽核」之準則。

恆知稽式,是謂玄德

執政者常用「稽核」之心來檢視反省與警惕,自然就懂得如何取捨施政方向,君王能具備這種德行,稱之為「玄德」。

玄德深矣,遠矣

君王有玄德,其對國家社會的影響可以說是深不可測、遙不可及。

與物反矣,乃至大順

不但可以幫助百姓返歸淳樸節儉的生活美德,還能帶動潮流影響天下趨勢,天下民心大順,乃是太平盛事之願景。

有一句成語「稽古振今」，是考查古事作為借鑑、以振興現代的意思，出自清代譚嗣同《報貝元微書》，與本卷所言之「稽式」，其形容詞之語意雷同，簡而言之即是「一以貫之」，亦如上卷所言：「慎終如始，則無敗事」；卷十四亦有明言：執古之道，以御今之有，能知古始，是謂道紀。

譚嗣同（1865 年 3 月 10 日－1898 年 9 月 28 日），字複生，號壯飛，湖南省長沙府瀏陽人，生於順天府（今北京市），中國近代著名政治家、思想家，維新派人士，其所著《仁學》，是維新派的第一部哲學著作，也是中國近代思想史中，重要著作之一。

1895 年（光緒二十一年 4 月 17 日），中日簽訂《馬關條約》時年 30 歲的譚嗣同在家鄉滿懷憂憤，即努力提倡新學，呼號變法，並在家鄉組織算學社，集同志講求鑽研，同時在南台書院設立史學、掌故、輿地等新式課程，宣導開礦山、修鐵路，宣傳變法維新、推行新政；光緒二十四年（1898 年），譚嗣同參加領導戊戌變法，變法失敗後，慈禧太后連發諭旨，捉拿維新派，他決心以死來殉變法事業，他用自己的犧牲去向封建頑固勢力，作最後一次反抗；他對勸他離開的人說：「各國變法無不從流血而成，今日中國未聞有因變法而流血者，此國之所以不昌也，有之，請自嗣同始。」當年被殺，年僅 33 歲，為「戊戌六君子」之一。

《明代・憨山大師》注釋此卷曰：「夫民之所趨，皆觀望於上也，所謂百姓皆注其耳目，凡民之欲蔽，皆上有以啟之；故上有好者，下必有甚焉者也，故聖人在上，善能以斯道覺斯民，當先身以教之；上先不用智巧，離欲清淨，一無所好，若無所知者，則民自各安其日用之常，絕無一念好尚之心，而黠滑之智自消，奸盜之行自絕矣，所謂我好靜而民自正，我無為而民自化」。

《晏子春秋》是記載中國春秋時期，齊國丞相晏嬰勸告君主勤政、不要貪圖享樂、任用賢能、虛心納諫以及愛護百姓事例；《晏子春秋・諫篇第六》記載：齊景公夜聽新樂而不朝，侍臣梁丘據為了討好景公，私自竄改齊音古樂，用歌人「虞」獻唱緋靡之音，景公果然聽了如癡如醉、徹夜沉迷，第二天就不上朝聽政，晏子知道後，立即依據齊國禮制，拘禁了「虞」。

公聞之而怒曰：「何故而拘虞？」晏子曰：「以新樂淫君。」公曰：「諸侯之事，百官之政，寡人願以請子。酒醴之味，金石之聲，願夫子無與，夫樂，何必夫故哉？」對曰：「夫樂亡而禮從之，禮亡而政從之，政亡而國從之；國衰，臣懼君之逆政之行；有歌，紂作北里，幽厲之聲，顧夫淫以鄙而偕亡，君奚輕變夫故哉」？

景公聽說晏子拘捕歌人之事，十分氣憤：「為什麼逮捕虞？」晏子說：「因為他用新樂靡靡之音禍亂君心。」景公說：「諸侯之間的外交事務，以及百官的政務管理，我願意託付給你；至於我喝什麼酒、聽什麼音樂，希望先生不要干預，為何聽音樂一定要聽古樂呢？」晏子回答說：「一旦齊音古樂消亡，禮法就會隨之消亡；禮法消亡，政教也會隨之消亡；政教消亡，國家便會跟著消亡。國運出現衰敗，我怕君王會做出背離政教之事；因歌樂而亡國的事，商有紂王作北里舞曲，周有幽王與厲王沉迷淫靡樂曲，這些醉心淫靡樂音與低俗樂舞的君王，最終都導致了國家滅亡，君王您豈能輕易沉迷改變齊音古樂呢？

明君與賢臣的關係，就相當於伯樂與千里馬的關係，引用《當代中國・每日一詞》內文：「千里馬常有，而伯樂不常有」，語出自唐代韓愈的雜說，千里馬指的是有能之士，也需要賞識他的伯樂給予提攜與支持，才能成就大事。觀乎歷史，漢朝有韓信被蕭何提攜；三國時期，諸葛亮被劉備三顧茅廬，出山相助，都是千里馬遇上伯樂的例子；反觀唐代詩人杜甫、李白，甚至韓愈本人，也屬懷才不遇之士，未能遇上伯樂，最後鬱鬱寡歡而終。

反過來說，一個賢臣對一個君主影響也很大，齊桓公在管仲的輔佐下，九合諸侯，一匡天下，成為春秋第一霸主。可惜在管仲死後，齊桓公逐漸顯露昏庸、開始放縱私慾，他未能聽從管仲生前的叮囑，濫用易牙、開方、豎刁三位姦佞之臣，易牙繼任相位之後便露出了狐狸尾巴，他仗著自己手握大權，便開始唆使公子爭奪王位，不僅如此，他還夥同開方、豎刁等奸臣，在宮中豎起高牆，將齊桓公鎖在深宮內院中，斷絕一切飲食，最後齊桓公下場竟活活凍餓而亡，並且曝屍了六十七天無人理會，他早年勵精圖治、極盡輝煌，最終卻落得如此結局，令人不勝唏噓，而齊國之霸業也隨他一同埋葬，這是「慎終如始，則無敗事」血淋淋的反面寫照。

卷六十六

江海所以能爲百谷王者
以其善下之，故能爲百谷王
是以聖人欲上民，必以言下之
欲先民，必以身後之
是以聖人居上而民弗重，居前而民弗害
是以天下樂推而弗厭
非以其無爭與，故天下莫能與之爭

江海所以能爲百谷王者，以其善下之，故能爲百谷王

「江、海」之所以能匯集山谷百川之水流，是因為水有順勢往下奔流的特質，地勢越低窪開闊之處，越能展現廣大無私、包容淨穢之雅量，因此江海被尊稱「百谷之王」乃實至名歸。

是以聖人欲上民，必以言下之，欲先民，必以身後之

所以聖人想要提升改善百姓的生活條件，他一定會謙卑放下身段，順勢去傾聽基層民意訴求；聖人總是習慣以謀求百姓福祉為優先，反而將他們自身的利益置之身後。

是以聖人居上而民弗重，居前而民弗害

因為聖人具有大公無私的美德，若居上位，才有機會為百姓爭取權益、減輕徭役與稅賦重擔；聖人居前能以身作則為典範，帶動社會改善風氣，而百姓就不會出現危害社會治安的行徑。

是以天下樂推而弗厭，非以其無爭與，故天下莫能與之爭

所以天下百姓都樂見自己的國家有聖人輔佐治理，而不會心生厭煩；由此可知，聖人並非完全「為而不爭」，他爭的是天下百姓之大利，因此天下沒有人樂於與他相爭。

水之善能利養萬物，水之惡則氾濫成災，這是「物極必反」的自然道理，《孟子・告子篇上》曰：人性之善也，猶水之就下也；人無有不善，水無有不下。」孟子說人性向善，就像水往低處流一樣，人性沒有不善良的，水沒有不向低處流的。

故此卷「善下之」泛指江海為善之面向，民意如流水，政治亦復如是；《管子・牧民篇》曰：「政之所行，在順民心，政之所廢，在逆民心」；《修權篇》又曰：「取於民有度，用之有止，國雖小必安；取於民無度，用之不止，國雖大必危」。

治國之道在先秦古籍記載甚多，其中最著名的當屬春秋時期管仲《管子・治國第四十八》與西漢時期劉向《說苑・政理》。

劉向《說苑・政理》記載一段周武王與姜子牙對話：「武王問于太公曰：治國之道若何？太公對曰：治國之道，愛民而已。曰：愛民若何？曰：利之而勿害、成之勿敗、生之勿殺、與之勿奪、樂之勿苦、喜之勿怒、此治國之道，使民之誼也，愛之而已矣」。

又言曰：「民失其所務，則害之也；農失其時，則敗之也；有罪者重其罰，則殺之也；重賦斂者，則奪之也；多徭役以罷民力，則苦之也；勞而擾之，則怒之也；故善為國者遇民，如父母之愛子、兄之愛弟，聞其饑寒為之哀，見其勞苦為之悲」。

《管子‧治國第四十八》曰：「凡治國之道，必先富民，民富則易治也，民貧則難治也，奚以知其然也？民富則安鄉重家，安鄉重家則敬上畏罪，敬上畏罪則易治也；民貧則危鄉輕家，危鄉輕家則敢凌上犯禁，凌上犯禁則難治也；故治國常富，而亂國常貧，是以善為國者，必先富民，然後治之」；「故先王使農士商工四民交能易作，終歲之利，無道相過也；是以民作一而得均、民作一則田墾，奸巧不生；田墾則粟多、粟多則國富，奸巧不生，則民治而富，此王之道也」。

引用《維基百科》內文：「四民」是古代中國對平民職業的基本分工，指士、農、工、商，但其次序歷代有所不同；明末清初學者顧炎武《日知錄》曾說：「士農工商謂之四民，其說始於管子。」《管子‧小匡》曰：「士農工商四民者，國之石，民也。」春秋時期除此四民以外，還存在許多「賤民」，他們比四民階層更低，歸為「賤籍」階層，四民亦是國家百姓的總稱，可以說「四民」就是國家的基石。

受到儒家文化影響，越南、朝鮮、日本、琉球等漢字文化圈國家，皆在不同程度上沿襲了中國的「士農工商」四民的劃分；在日本封建制度中在士農工商的劃分之外，另加入「賤民」類別，日本的「士」則指武士，「士農工商」引入日本時，在鎌倉時代其字義仍與中國類同，日本南北朝時代展開四民論，天皇認為人民皆四民，直到室町時代始有改變，士農工商除了職業別之外，還有身份階級之分；而在朝鮮王朝時期，朝鮮朝廷使用「良賤制度」，將全國除了王族之外的人分為「良民」和「賤民」兩種，其中良民按身份高低分為「兩班、中人、常民、白丁」四等，各等級之間嚴禁通婚。

卷 六十七

天下皆謂我道大，似不肖

夫唯大，故似不肖

若肖久矣，其細也夫

我有三寶，持而保之

一曰慈，二曰儉，三曰不敢爲天下先

慈故能勇，儉故能廣

不敢爲天下先，故能成器長

今舍慈且勇，舍儉且廣

舍後且先，則必死矣

夫慈，以戰則勝，以守則固

天將建之，以慈垣之

天下皆謂我道大，似不肖

天下諸侯都宣稱自己的治國之道，才是天下大道，這似乎是「不賢能者」會說出口的話。

夫唯大，故似不肖

誰敢在天下自稱為大，此乃僭越之舉，這似乎是「不賢能者」才會出現的言行表現。

若肖久矣，其細也夫

若要說誰才是有賢能之君？那是很久以前的事了，現在各國真正施行「利民」之德政，可以說是非常薄弱又細微。

我有三寶，持而保之

執政者若想成為賢能之君，必須具備三種寶貴的德行，並且持之以恆，自然就能保有被天下人讚譽的美名。

一曰慈，二曰儉，三曰不敢為天下先

第一種寶貴的德行是「慈」；第二種寶貴的德行是「儉」；第三種寶貴的德行是「不敢為天下先」。

慈故能勇，儉故能廣

「慈」就是對百姓要有慈愛之心，全國上下同心同德，百姓自然會勇敢地捍衛自己的家園；「儉」就是提倡樸素節儉的生活美德，並且以身作則，如此他的美名自然就會被廣為流傳。

不敢為天下先，故能成器長

「不敢為天下先」就是捨棄武力侵犯他人的野心，只要沒有人先發動戰爭，天下自然太平；天下能夠祥和太平、百姓能夠安居樂業，每一個國家自然都能夠享受國泰民安的榮景。

今舍慈且勇，舍儉且廣，舍後且先，則必死矣

可惜現在所看到的諸侯各國，都捨棄對百姓的「慈愛」之心，並且勇敢毫無羞愧的為所欲為；他們都捨棄「儉樸」的生活美德，廣收賦稅過著貪圖物慾的奢侈生活；他們捨棄國泰民安的榮景，不斷「爭先恐後」發兵征戰併吞小國，只為了滿足自己稱霸天下的野心，實際上「賢能之君」的美名，在他們身上已經名存實亡了。

夫慈，以戰則勝，以守則固

所以誰能以「慈愛」之仁心，去取代「征戰」之野心，就能贏得天下百姓之民心；誰能守住這三種寶貴的德行，就能鞏固「賢能之君」的美名。

天將建之，以慈垣之

天道運行孕育萬物，所建立的就是母性「慈愛」般的光輝，它像一道「大公無私」的城牆，安靜地守護著這個恆常不變的自然法則。

隨著時間流動與心境之變異，閱讀同樣之經文，卻有著迥然不同的領悟，這就是「道德經」趣味橫生、玄妙之處，恰如卷七十三之言「天網恢恢、疏而不失」，不管文字天網如何密佈？如何疏異？真理永遠不失，這不禁讓我聯想到鄧小平的一句至理名言：「不管黑貓？還是白貓？會抓老鼠的就是好貓」。

此時，老子突然問曰：汝可知本卷之鼠隱身何處？ 吾對曰：鼠乃十二生肖之首，故此卷之鼠，躲在生「肖」中。老子笑曰：汝非黑貓、亦非白貓，乃野貓是也。

「肖」有相似之意，眾人皆以此解之亦能順理成章，然而原文「似不肖」已有似字，字義如此重疊詮釋，直覺上似乎缺乏一種自我說服的力道，為了探尋其源，專注閱覽先秦諸子百家之書籍，希望能從中尋得可以佐證之蛛絲馬跡，畢竟古人思維用語對照今時，必然存在迥異之處。

鬼谷子《捭闔篇》：「夫賢不肖、智愚、勇怯有差」；商君書《更法篇》：「賢者更禮而不肖者拘焉」；荀子《修身篇》：「致不肖而欲人之賢己也」；孟子《告子篇下》：「居下位，不以賢事不肖者」；管子《權修・第三》：「觀其交遊，則其賢不肖可察也」；《呂氏春秋・謹聽》：「主賢，世治則賢者在上，主不肖，世亂則賢者在下」；《晏子春秋・內問上》：「是以賢者處上而不華，不肖者處下而不怨」；《莊子・內篇德充符》：「仲尼曰死生存亡、窮達貧富、賢與不肖、毀譽、饑渴、寒暑，是事之變命之行也」。

由此足以充分證明「賢」與「不肖」，是春秋戰國時期文人慣用的正反辭彙，「不肖」即是不賢能之意，故此卷以此解之。

公元前 770 年至公元前 476 年，在長達近三百年的春秋時期，諸侯爭戰紛擾不休，各國諸侯都宣稱自己是聖人治國，紛紛打著正義之旗、行不義之事，為了滿足稱霸之野心，視天下百姓生命猶如芻狗，故而孟子曰：「春秋無義戰」。齊桓公、晉文公、秦穆公、楚莊王、宋襄公等五大諸侯，先後稱霸，合稱為春秋五霸；到了春秋末期，很多小諸侯國都已經消失不見了，取而代之的，秦、齊、楚、燕、韓、趙、魏這七個大諸侯國，合稱為戰國七雄。

不論是春秋還是戰國，在這個過程中，儘管周天子地位與勢力衰微、大權旁落，無法有效控制天下諸侯，但名義上仍為華夏的最高統治者，因此諸侯稱霸天下皆為僭越之舉，故曰：「天下皆謂我道大，似不肖」，孟子似乎也認同老子觀點，《孟子·告子篇下》曰：「五霸者，三王之罪人也；今之諸侯，五霸之罪人」；《盡心下》曰：「諸侯之寶三，土地、人民、政事。寶珠玉者，殃必及身」。

《荀子·正論篇》：國，小具也，可以小人有也，可以小道得也，可以小力持也；天下者，大具也，不可以小人有也，不可以小道得也，不可以小力持也。國者，小人可以有之，然而未必不亡也，天下者，至大也，非聖人莫之能有也。

荀子說：國家是小器物，可以為小人所占有，可以用小手段得到，可以憑藉小的力氣保持；天下是大器物，不可以為小人所占有，不可以用小手段得到，不可以憑藉小的力氣保持。國家，小人可以擁有，但未必不會滅亡；天下是至大之物，除了聖人沒有人能擁有。

分享《靈鷲山‧心道法師》一段智慧語錄：不可輕忽任何一個心念，一切現象都是心念的反映。佛法說「心淨則國土淨」，實在世界要和平，唯有心和平了。要擺平自己的這顆心，的確不容易，尤其，當惡業來襲的時候，我們總是怪這怪那，把自己當成「當純的」、「單向的」受害者，很難反省到自己平日所作所為，以及應該防微杜漸的心念，還有那些隱藏在人類社會後面的發展價值觀，現在環境惡化到這樣，跟社會集體作為的那些價值觀有關連，這些共業結構是環環相扣的因果鍊鎖，這都是心念所導致。

卷 六十八

善爲士者不武
善戰者不怒
善勝敵者不與
善用人者爲之下
是謂不爭之德
是謂用人之力
是謂配天，古之極也

善爲士者不武，善戰者不怒

有道之士輔佐治理國家，不會主張武力來統治人民；
能夠影響掌握局勢的人，不會輕易受到刺激而動怒。

善勝敵者不與，善用人者爲之下

戰場上善於作戰的將軍，不會憑恃以大欺小而揚威；
能善用賢能之士的明君，不會漠視百姓而置之不理。

是謂不爭之德，是謂用人之力

維繫天下和諧、彼此不起紛爭，這就是所謂「不爭之德」；
讓百姓得以安心從事勞動生產，這就是所謂「用人之力」。

是謂配天，古之極也

農事耕作配合天時，才能五穀豐收，這就是所謂「配天」；
以上這三種生活型態，就是先人上古時代的「大同社會」。

本卷經文所言之四善，猶似管仲《管子‧牧民》所言之四維：「凡有地牧民者，務在四時，守在倉廩。……四維不張，國乃滅亡」；《尚書‧堯典》：「曰若稽古帝堯，曰放勳，欽、明、文思、安安、允恭克讓、光被四表、格於上下」，故而「古之極」，意味著追溯上古時期的天下格局與社會制度，根據《中國社會科學院考古研究所‧殷瑋璋教授》研究資料顯示，在遠古時代，由於生產力低下，人們只有靠集體的力量才能生存，人們各盡所能、共同生產、平均分配食物，同時為了生存而發展，人們必須選舉公正賢能的人來當首領，以帶領大家進行生產、抵禦外來的侵擾。

因此古史傳說中出現了「堯」舉薦「舜」、舜舉薦「禹」、禹先舉薦「皋陶」、皋陶死後又舉薦「益」當首領的故事，歷史上稱這種作法為「禪讓制度」，這是一個人人平等、財富公有的時代，因而沒有爭奪欺詐、也沒有盜賊的劫掠，歷史學家稱這個時期的社會為「大同社會」。大禹死後，禹之子「啟」殺「益」奪取首領位置，開創了父傳子、家天下的新時代，中國歷史上第一個世襲制「夏」王朝因此誕生，也奠定了日後周朝封建思想的雛型，而隨著諸侯貢品越來越多，君王的權力越來越大，名利權勢與物質的誘惑，逐漸成為天子德行腐敗的最大根源。

《呂氏春秋・謹聽》有言曰：「昔者禹一沐而三捉髮，一食而三起，以禮有道之士，通乎己之不足也」。從前大禹洗一次頭髮，要三次握住頭髮停下來，吃一餐飯，要三次放下碗筷站起來，他如此恭謹不敢怠慢，都是為了以禮接待那些不斷來進言的有道之士，他恭敬虛心聽取建言，以彌補自己不足之處。

《管子・形勢篇》曰：「有聞道而好為家者，一家之人也；有聞道而好為鄉者，一鄉之人也；有聞道而好為國者，一國之人也；有聞道而好為天下者，天下之人也；有聞道而好定萬物者，天下之配也」。

管子說：有人懂得道而能治家，他便是治家的人材；有人懂得道而能治鄉，他便是一鄉的人材；有人懂得道而能治國，他便是一國的人材；有人懂得道而能治天下，他便是天下的人材；有人懂得道而能使萬物各得其所，那便和天地一樣偉大了。

又曰：「得天之道，其事若自然，失天之道，雖立不安；疑今者察之古，不知來者視之往，萬事之生也，異趣而同歸，古今一也」。

管子又說：懂得掌握效法天道法則的人，做起事情自然能有所成就，若做事違背了天道，雖然有所成就也只是短暫不安的；執政者對當今執政方向有所質疑，則可以考察效法古代聖賢做法，對未來不瞭解的，也可以查閱對照歷史，雖然萬事的本質有所差異，真理卻是殊途同歸，從古到今都是始終如一。

卷 六十九

用兵有言曰
吾不敢爲主而爲客
不敢進寸而退尺
是謂行無行，攘無臂，執無兵，扔無敵
禍莫大於輕敵，輕敵幾喪吾寶
故抗兵相若，哀者勝矣

用兵有言曰，吾不敢爲主而爲客

古代兵書有記載「用兵之道」，言明兵力是用來保護自己的國家，而不是用來侵犯他人。

不敢進寸而退尺

善於用兵者，不敢為了逞強而出兵遠征，反而會採取「以退為進」養精蓄銳的防守戰術，來保持戰力，待敵方疲倦、實力削弱時，再予以痛擊。

是謂行無行， 攘無臂，執無兵，扔無敵

這種「以退為進」的用兵之道，不會有長途行軍疲勞之困頓；也不會有攘兵出征，造成自己國家失去防禦力量的後顧之憂；善於作戰者會利用熟悉的地形嚴峻優勢，隱藏兵力埋伏出擊；若扔掉這些戰場上的優勢，就會平白失去了戰勝敵人的契機。

禍莫大於輕敵，輕敵幾喪吾寶

面對敵人來侵犯，最大禍害就是輕敵主動迎戰，輕敵迎戰就
喪失了我方「奇兵戰術」的法寶。

故抗兵相若，哀者勝矣

所以對抗兵力相當的敵人，採用「以逸待勞」、「以守為攻」
的哀兵之道，就能取得這場戰爭的勝利。

打仗是以士兵的生命為資本，以國家的存亡為賭注，不論誰勝誰敗，受苦的都是天下百姓，從道德經諸卷之所言內容可以輕易得知，老子乃是愛好和平的反戰份子，他對大國征戰之野心甚為不齒，他以「施暴政，不得民心」之真理替天下百姓發言，雖無法抑止現實之殘酷，卻有告誡後世之責。

引用《維基百科》內文：《軍志》是一部已經失傳先秦兵書，成書年代可能為西周時期，與其同一時代的同類兵書可能還有《軍政》，反映了中國上古時期戰爭方法和經驗的理論總結，它們的佚文散見於《左傳》、《孫子兵法》、《吳子》等書；由於古書中引用的《軍志》和《軍政》都有「知難而退」的內容，一字不差，因此有學者認為「志」與「政」為一聲之轉，研判《軍志》與《軍政》可能就是同一部兵書。

兵書《軍志》有言：「攻不足而守有餘」；「失地之利，士卒迷惑，三軍困敗，饑飽勞逸，地利為寶」；「允當則歸、知難而退、有德不可敵」。

《握奇經》又名《握機經》，乃中國古代軍事著作，是關於八陣佈列的兵書，相傳其經文為黃帝之臣「風后」所撰，姜尚加以引申，漢武帝丞相公孫弘作解。《奇兵贊》有記載：「古之奇兵，兵在陳內，今人奇兵，兵在陳外；兵體無形，形露必潰，審而為之，百戰不昧」。

用兵之道宜守不宜攻，實力要隱藏起來不要外露，這就是古人
「兵體無形」的奇兵戰術；今人用兵之奇，則以彰顯軍威陣容
來威嚇欺犯弱小之國，大國這種稱霸天下野心「形露必潰」，
最終都會遭到天下百姓所唾棄。

秦始皇號稱「滅六國，統一天下」，秦國之霸業最終只維持了
十五年，就遭到滅國之命運，成為中國歷史上壽命最短的正統
朝代，「施暴政，不得民心」之真理日久彌新，自古迄今不曾
改變。

《孫子兵法・始計篇》曰：「兵者，國之大事，死生之地，存亡
之道，不可不察也」；《謀攻篇》曰：「夫用兵之法，全國為上
破國次之、全軍為上破軍次之、全旅為上破旅次之、全卒為上
破卒次之、全伍為上破伍次之，是故百戰百勝，非善之善也，
不戰而屈人之兵，善之善者也。」

孫子說：「戰爭是一個國家的頭等大事，關係到軍民生死、國
家存亡，是不能不慎重周密地觀察、分析研究應對」。又說：
「戰爭的原則是使敵人舉國降服為上策，用武力擊破敵國就次
一等；使敵人全軍降服是上策，擊敗敵軍就次一等；使敵人全
旅降服是上策，擊破敵旅就次一等；使敵人全卒降服是上策，
擊破敵卒就次一等；使敵人全伍降服是上策，擊破敵伍就次一
等；所以，百戰百勝，算不上是最高明的兵法，可以不通過雙
方兵力交戰，就能降服全體敵人，才是最高明的上上之策」。

孫武（公元前 544 年～前 470 年）媯姓，孫氏，名武，字長卿，春秋時期齊國人，孫武年輕時閱讀古代軍事典籍《軍志》，瞭解黃帝戰勝四帝的作戰經驗以及古代名相伊尹、姜尚、管仲的用兵策略，無奈機不逢時，由於正值齊國內政明爭暗鬥不休，於是孫武只能無奈選擇出仕吳國；公元前 515 年，孫武向伍子胥獻計，請闔閭刺殺吳王僚，進而讓闔閭即位吳王，並獻上其所著《孫子兵法》十三篇。

《史記・孫子吳起列傳》中記載：孫武初仕吳國，吳王故意考驗孫武才華，挑選了 180 名宮女接受孫武訓練，並由兩名愛妃負責卒長之職；剛開始，縱使孫武三令五申表明軍令如山，眾宮女皆不理孫武的號令，吳王兩名愛妃作為卒長更大笑，於是孫武下令將卒長斬首，即便吳王阻止，孫武亦不理會。

眼見吳王愛妃被斬首，眾宮女立即變得嚴肅起來，對軍令絕對依從，吳王闔閭失去了愛姬，心中非常不悅，孫武便親見闔閭說：「令行禁止、賞罰分明，這是兵家的常法，為將治軍的通則，對士卒一定要威嚴，只有這樣，他們才會聽從號令，打仗才能克敵制勝。」聽了孫武解釋，並看見參與軍訓的眾宮女，完全顛覆了傳統女性角色，不讓鬚眉、巾幗氣勢不輸男丁，吳王闔閭懾服怒氣消散，立即拜孫武為將軍，在孫武的訓練下，吳軍的兵力素質有了大幅提升，吳楚二國歷經多年交戰，楚國五戰全勝，孫武充分發揮善用奇兵長才，於「柏舉之戰」以三萬吳軍大敗二十萬楚軍，成功攻破強敵楚國郢都，一戰成名，震驚中原諸侯各國。

公元前 496 年，吳王闔閭不聽孫武勸阻，執意出兵攻打新即位的越王勾踐，結果被其大敗，傷重而亡；孫武及伍子胥幫助闔閭之子夫差治國練兵，並助夫差成功大敗勾踐，報仇雪恨；公元前 482 年，因吳王夫差在稱霸後變得日益專橫，孫武勸諫無效，遂急流勇退，選擇回到齊國專注編撰兵法。

卷 七十

吾言甚易知，甚易行
而天下莫能知，莫能行
言有宗，事有君，夫唯無知
是以不我知，知我者希，則我貴矣
是以聖人被褐而懷玉

吾言甚易知，甚易行

人們很容易為自己的私心而說話，也很容易為自己的私利而行事。

而天下莫能知，莫能行

卻不知道有誰願意為天下之大義而說話？也不知道有誰能為天下之大利而行事？

言有宗，事有君，夫唯無知

若有人願意為天下百姓安身立命而說話，對待百姓就像侍奉君王般而行事，他就具備了「無私奉獻」的知見。

是以不我知，知我者希，則我貴矣

因此不以「自我私心」為知見本位，他自私自利的欲望自然就會越來越稀少，人性珍貴的美德就能慢慢彰顯出來。

是以聖人被褐而懷玉

所以聖人穿著很樸素，他過著與老百姓一樣節儉的生活，內心卻隱藏著人性最珍貴的美德，就像一塊樸實無華未經雕琢的寶玉。

自私自利的言行舉止，可謂「易知易行」眾人皆有矣，此乃人之常情；能為天下大公無私而奉獻者，此乃聖人之道、聖人之德，可謂「易知非易行」，經卷六十七有言：「天下皆謂我道大，似不肖」，春秋時期各國執政者，習以聖人自居，從歷代天子到各國諸侯皆有矣，故而《莊子・天下篇》感慨曰：「是故內聖外王之道，闇而不明，鬱而不發，天下之人各為其所欲焉，以自為方。」然而老子眼裡，何謂聖人？不是帝王者說了算，老百姓心中都有一把尺，以及合乎聖人尺度之準繩，老子在道德經卷中，對於「聖人」一詞，他老人家可以說是不厭其煩的闡述形容，某種程度上來說，道德經講的就是聖人之道而非天外之道。

有一則有趣的故事：有三隻小青蛙在一片葉子上順流而下，其中一隻青蛙決定跳進河裡，請問：葉子上還有幾隻青蛙？大部分的人會答兩隻，抱歉你答錯了！那片葉子上，還是有三隻青蛙。為什麼呢？因為決定要跳和真的跳下是兩回事。

分享國學大師南懷瑾在《老子他說・續集》一書，對於本卷經文有一段耐人尋味之趣說，他說：「吾言甚易知，甚易行。天下莫能知，莫能行。」老子他自己說，我上面所講的理論平凡得很，非常容易懂，也容易做到；可是事實上，天下沒有人知道，看了也不懂，也做不到。這幾句話等於是先知的預言，老子只寫了五千言，而我們已經研究了幾千年。古今中外，尤其現在這個時代，討論研究老子文章的五花八門，究竟哪一個人說的合於老子的本意呢？誰也不知道！

例如我們在這裡研究的老子《道德經》，與多數學者們一樣，大半是借題發揮的，是不是老子的本意呢？那就在乎各人自己的修養，自己的智慧，以及自己的造詣與看法了。所以，老子說他的話本來很容易懂，可是天下沒有人懂，後世有那麼多研究老子的書，這一句話對研究老子的人真是一個很大的幽默。而且老子自己只寫了五千字，我們後世到現在為止，關於這五千字的討論著作，幾千萬字都有了，那也是很滑稽的一樁事。

日本禪僧・平田精耕在其《無門關・上卷》一書中，提到一則有趣往事：我在當修行僧的時代，認識一位白鬍子柴田閑翁老者，他是一位積極參禪的熱心老人。有一晚，我和他宿同一寮房，我一時興起問他：你睡覺時通常是把鬍子放在被子裡或被子外？老人回答：我自己也不知道，今晚我再想想看，結果，老者徹夜未睡，反覆思考這個問題，因為他認為把鬍子放在被子裡不太好，置於被外又不舒服，究竟這鬍子應該如何處置？他過去無此困擾，如今卻困惑不解。

無門曰：「參禪須透祖師關，妙悟要窮心路絕；祖關不透、心路不絕，盡是依草附木精靈」。

卷 七十一

知不知，尚矣，不知知，病矣
夫唯病病，是以不病
聖人不病，以其病病，是以不病

知不知，尚矣，不知知，病矣

知道不要心存「自私自利」的知見，這是好現象；不知道的人，就是罹患了知見上的毛病。

夫唯病病，是以不病

這種知見上的毛病，是人們很容易罹患的通病，因此，大家都不將這種行為視為一種病症。

聖人不病，以其病病，是以不病

聖人之所以不會罹患知見上的毛病，是因為他們把「「自私自利」之病，視為是一種人性的疾病；他們常用「大公無私」的藥方來給自己治病，因此，行事才不會罹患「自私自利」之病。

反覆朗誦此卷經文，甚為繞舌，繞到思想都打結了，還是只能借題發揮，舉凡出現「聖人」一詞，聖人之道、聖人之德，皆脫離不了「無知」與「無為」，無知即是大公無私的知見、無為則是無私奉獻的行為，一以貫之，聖人之行為美德，影響之所及，乃呼應於國家、關乎於天下之大格局，最終之目標則是回歸「以民為本」的宏觀思想。

知人之過，不知己之過，乃自見而不自知，此病名為「自私自利」；「自私自利」之病，眾人皆有之，故眾人不以病視之，此乃無明之所致；聖人不病，乃知此病是人性之通病，故滌除玄覽自律取捨，是以不病也。故以小觀小，乃躬身自省之道，用諸於內則修身養性，用諸於外則家和萬事興。

此時，老子突然問曰：若以大觀大，汝當如何解之？

對曰：士者輔佐君王治國，知下之私、不知上之私，乃知之病也。夫知其病、當治其病，則國不病也。聖人不病，乃知病根為私，故去私以藥、以治其病，是以不病也。此乃以大觀大，用之於國則國泰民安，用之於天下則天下太平。

老子笑曰：善哉、善哉。

在中國上下五千年的歷史上，有三個奴隸制王朝，即夏、商、周，夏朝享國 400 年，商朝享國 600 年，周朝享國 800 年，三朝合計約一千八百年，在這麼漫長歲月中，只有出現一則貪官記錄；大約在與老子孔子相同時期的年代，晉國貴族羊舌鮒ㄈㄨˋ（公元前 580 年～前 531 年），姬姓，羊舌氏，名鮒字叔魚，是春秋時代晉武公的後代，羊舌職之子，官至晉國代理司馬、代理司寇，叔魚雖然才能出眾，卻因貪得無厭、貪贓枉法而被殺，後世稱他為中國有史記載的「第一個貪官」之稱號，「貪墨」這個詞彙就是由他而來。

話說公元前 531 年，當時他在晉國的職位是司寇，相當於晉國的一個大法官，在他當司寇的時候，晉國有兩個貴族因為土地糾紛的問題，上訴到他這裏，這兩個貴族一個是雍子，一個是邢侯，結果他倆上訴的時候，雍子知道錯在自己，為了要贏，竟把自己親生女兒獻給羊舌鮒，作為賄賂，羊舌鮒大喜過望，於是，就昧著良心把土地判給了雍子。

邢侯敗訴以後十分憤怒，那個年代的士人，把名譽看得比生命都重要，邢侯忍無可忍的情況下，直接拿刀，當場把羊舌鮒和雍子兩個人都給殺了；晉國當時大夫「韓宣子」親自審理此案件，因為三人都是貴族，韓宣子不知如何論罪，命叔魚的異母兄弟羊舌譽叔向論斷三人之罪。

叔向說：「叔魚貪汙，把司法賣了，雍子用女兒賄賂法官，邢侯不是法官卻幹法官的事，三人都該判死刑。」雍子自己有錯卻想奪得美名是為錯、叔魚貪以敗官是為墨、邢侯殺人不忌是為賊，結案的時候，他給已經死了的羊舌鮒定了一個罪名「墨罪」，也就是貪汙罪的意思，而這個案例也成爲了春秋戰國時期，其他國家懲治貪汙行爲的參考案例。

清代史料記載：「清代第一大貪官和珅在其為官期間，權傾一世」，「他結黨營私，道路側目，朝士莫敢攖其鋒者」。這樣的情況，讓很多愛國志士早就想要狀告他了，只是他深得乾隆寵信、苦無時機。嘉慶四年（公元 1799 年）乾隆病重，藥石無效，正月初三駕崩於養心殿。乾隆一死，和珅的噩運馬上來到。正月初四，嘉慶皇帝就下令免去和珅所有職務，不到半個月時間，就把這件貪官案辦成了。據說從他的家中抄得財產共八兆兩，相當於清朝政府五十年至八十年的稅收，和珅也真的是堪稱天下第一大貪官了。也因此，民間流傳說「和珅跌倒，嘉慶吃飽」，一點也不誇張。

卷 七十二

民不畏威，則大威至
無狎其所居，無厭其所生
夫唯不厭，是以不厭
是以聖人自知而不自見
自愛而不自貴
故去彼取此

民不畏威，則大威至

當官逼民反的時候，百姓並不畏懼權威酷吏，其反撲威力將會引發國家的大災難。

無狎（ㄒㄧㄚˊ）其所居，無厭其所生

當百姓暴動的時候，他們不擔心會被拘押關進地牢，也不會害怕遭罪被判處死刑。

夫唯不厭，是以不厭

只要執政者不要厭棄百姓，百姓自然就不會厭棄國家。

是以聖人自知而不自見

所以聖人面對這種局勢，自知弊端在於執政者施行苛政所致，而不會責難於暴動的百姓。

自愛而不自貴

聖人處事潔身自愛，雖然不會參與暴動，但他會站在百姓立場，為人民聲援爭取生存權益。

故去彼取此

因此聖人會捨棄「以君為貴」，而選擇「以民為本」。

引用《維基百科》國人暴動之內文：西周時期，一次以首都
鎬京四郊平民為主體的暴動，當時貴為天子的「周厲王」執
政貪財好利，統治期間聽從「榮夷公」之計，對山林川澤的
物產實行國營壟斷「專利」，由天子直接控制，不准平民國
人進山林川澤謀生，平民百姓被斷了生路，怨聲四起，紛紛
咒罵。

周厲王為了堵住人民的嘴，又派一個佞臣「衛巫」監視百姓，
將許多不滿「專利」的平民拘捕殺死，後來連不少批評政策
的平民也被殺死，周厲王的高壓政策，使得親友熟人在路上
遇到了都不敢互相打招呼，只能「道路以目」以眼神示意，
使得都城變得死氣沉沉。

大臣「召穆公」勸戒說：「這樣堵住人民的嘴，就像堵住了
一條河，河一旦決口，會造成滅頂之災；人民的嘴被堵住了，
帶來的危害遠甚於河水，治水要採用疏導的辦法，治民要讓
天下人暢所欲言，然後採納其中好的建議，這樣，天子處理
國政就少出差錯了」。

周厲王聽了不以為然地說：「我是堂堂天子，那些低賤的愚民只能遵從我的命令，怎麼能讓他們隨便議論！」於是，周厲王仍然一意孤行，實行暴政。

公元前 841 年的一天，都城四郊的國人自發地集結起來，手持木棍、農具作武器，從四面八方撲向都城的王宮，要向周厲王討還血債，聽到由遠而近，憤怒的呼喊聲，周厲王急忙命令大臣調兵鎮壓。

可是竟然沒有士兵肯聽從命令，臣下回答說：「我們周朝寓兵於農，所有士兵都是由農民納稅所供養的，現在連農民都已經暴動了，您還能調集誰來救駕呢？」周厲王這才知道大禍臨頭了，於是，匆忙帶著宮眷連夜落荒逃出都城。

《莊子・天下篇》曰：「天下大亂，賢聖不明，道德不一，天下多得一察焉以自好；譬如耳目鼻口皆有所明，不能相通；猶百家眾技也，皆有所長，時有所用；雖然不該不遍，一曲之士也，判天地之美，析萬物之理，察古人之全，寡能備於天地之美，稱神明之容；是故，內聖外王之道，暗而不明，鬱而不發，天下之人各為其所欲，焉以自為方。悲夫！百家往而不反，必不合矣，後世之學者，不幸不見天地之純，古人之大體。道術將為天下裂」。

莊子說：天下大亂根源，是賢王不顯明的緣故，彼此道德分岐，天下人多各得一己之見而自我欣賞。譬如耳目鼻口，它們各有其功能，但卻不能互相通用。猶如百家眾技，各有所長，偶而時有所用。雖然如此，但不完備和全面，都是偏袒自愛孤陋寡聞之士。譬如割裂天地的完美，離析萬物之理，把古人完美的道德弄得支離破碎，很少有人能具備天地的完美，相稱于神明之容。所以，內聖外王之道暗而不明，抑鬱昏暗而不發揮，天下的人各盡所欲而自為一方之術。可悲啊！百家各行其道而不回頭，必定不能相合。後世的學者，不幸不能見到天地的純真和古人的全貌，有道之術將被天下所割裂！

《呂氏春秋・觀世》曰：「亂莫大於無天子，無天子則彊者勝弱，眾者暴寡，以兵相劃，不得休息而佞進，今之世當之矣」；意思是說春秋之亂歸咎於周天子的昏庸無能，身為天下之共主，維護天下秩序、誅伐不義本是天子的職責所在，但周天子因自身的衰落而無力威懾諸侯，造成天下大亂無有安國、一國盡亂無有安家、一家盡亂無有安身，當時各國政治局勢的混亂，正是天下動盪不安所造成的。

勇於敢則殺，勇於不敢則活
此兩者，或利或害，天之所惡
孰知其故
是以聖人猶難之
天之道，不爭而善勝，不言而善應
不召而自來， 繟然而善謀
天網恢恢，疏而不失

勇於敢則殺，勇於不敢則活

有人觸犯了刑法上的死罪，執法者勇於敢的，就依法論處；執法者勇於不敢的，就赦免其罪。

此兩者，或利或害，天之所惡

這兩種現象都確實存在，也都各有利弊得失；然而刑法所制定的死罪，明顯是嚴重背離了天道的精神。

孰知其故

誰都知道，當初制定死刑是為了排除異己、鞏固權力地位。

是以聖人猶難之

所以，聖人輔佐治國大公無私，面對執行死刑這個問題，他的立場就顯得特別為難。

天之道，不爭而善勝，不言而善應

上天之道有好生之德，執政者若能奉天行道，廣施利民之德
政、不爭私利，自然能贏得天下之民心；一旦施政有了具體
績效，自然能獲得天下百姓之讚譽。

不召而自來， 繟然而善謀

憑藉天道精神來執政，天下百姓自然會嚮往而來；執政者若
有這種坦然的心胸，就會選擇善待天下百姓的治國謀略。

天網恢恢，疏而不失

民心之氣象，猶如天氣陰晴不定，儘管四季時節各有疏異，
然而民心所向之真理，猶似「天道」日月運行的法則，始終
不曾改變、也不曾消失。

393

經卷所言之「天網恢恢」，乃隱喻天下每一個國家治理之道，
都有各自不同的氣象，直接影響了民心士氣，然而民心猶如
天道不變其常；「疏而不失」，則隱喻各國儘管民情有別、民
意有疏，但是只要回歸「以民為天」的正道，自然就不會喪
失民心。

《墨子‧卷七‧天志上》曰：「昔三代聖王禹湯文武，此順天
意而得賞也。昔三代之暴王桀紂幽厲，此反天意而得罰者
也」。墨子說：從前三代聖王禹、湯、文王、武王，這些是
順從天意而得到了賞賜的；從前三代暴王桀、紂、幽王、厲
王，這些是違反天意而得到了懲罰的。

引用《百度百科》之內文：西周初年，周穆王為了緩和社會
的矛盾，鞏固周王室的統治地位，接受了大臣呂侯的建議，
制定《呂刑》，有墨、劓、荊、宮、大辟五刑，共三千條，
真可謂「法網恢恢、密而不失」，因為是呂侯主持修訂，故
稱之為呂刑，原本今已失傳，今文《尚書》中現存《呂刑》
一篇，在尚書‧呂刑中，記載著觸犯刑法的人，可以上交一
定財物而免除一定的刑罰，當然這只是針對貴族而言，一般
平民百姓何來財富之說。

古代奴隸社會自「夏」延續至「西周」，貴賤階級之分，時至老子所處之春秋時期，依舊尚未完全杜絕改革，奴隸們不堪奴隸主之剝削迫害，「以下犯上」而遭罪判刑之奴隸，司空見慣屢見不鮮；《禮記‧曲禮上》曰：禮不下庶人，刑不上大夫。根據《孔子家語‧五刑解》的記載，冉求曾向孔子發問：「先王制法，使刑不上於大夫，禮不下於庶人，然則大夫犯罪，不可以加刑，庶人之行事，不可以治於禮乎」？

孔子作了這樣的解釋：對於君子的治理，通常以「禮教」駕馭其內心，從而賦予其廉恥之節操；古代的大夫，如果有違法犯罪行為，不必直接定其罪名；因此，大夫犯了罪，令其自己請罪或跪拜自裁，以避諱不名之恥；所以，即使刑不上大夫，大夫也不會因有罪而逃避懲罰，即「禮教」在潛移默化地發揮作用。

《尚書‧呂刑》對於執法之公正廉明，有一段描述：「穆穆在上，明明在下，灼於四方，罔不惟德之勤，故乃明於刑之中，率乂於民棐彝。典獄非訖於威，惟訖於富。敬、忌、罔有擇言在身。惟克天德，自作元命，配享在下」。

意思是說：「堯帝恭敬在上，三位輔佐大臣努力治事在下，光照四方，沒有人不勤行德政，所以能勉力於刑罪的公平，治理老百姓以扶持回歸常道；主管刑罰的官，不是忠於作威，而是忠於仁厚，又敬、又戒，自身不說壞話；帝王與王公大臣肩負上天仁愛的美德，自己造就了好命，所以配天在下享有祿位」。

《荀子・天論篇十七》：「天行有常，不為堯存、不為桀亡；應之以治則吉，應之以亂則凶；彊本而節用，則天不能貧；養備而動時，則天不能病；脩道而不貳，則天不能禍」。

荀子說：大自然運行變化有一定的常規，不會因為堯統治天下就存在，也不會因為桀統治天下就消亡。用正確的治理措施適應大自然的規律，事情就辦得好；用錯誤的治理措施對待大自然的規律，事情就會變成凶兆。加強農業生產而又節約開支，那麼天不可能使人貧窮；生活充足而又能適應天時變化進行生產勞動，那麼天也不可能使人生病；遵循規律而又不出差錯，那麼天也不可能使人遭禍。

分享《詹姆斯・艾倫》智慧語錄：「大自然毫無保留給予人們一切，其實它甚麼也沒有失去，但人類若想貪婪地抓住大自然的一切，就會失去一切」。

民不畏死，奈何以死懼之
若使民常畏死，而爲奇者，吾得執而殺之，孰敢
常有司殺者殺，夫代司殺者殺，是謂代大匠斲
夫代大匠斲者，稀有不傷其手矣

民不畏死，奈何以死懼之

戰亂飢荒，導致百姓生活陷入「生死存亡」的危機，才會出現不怕死的求生鬥志，執政者面對這種處境，奈何還要採取「死亡」的殘忍手段，來讓百姓心生畏懼？

若使民常畏死，而為奇者，吾得執而殺之，孰敢

若有人經常用「死亡」來威脅百姓，這種人必然是一位殘暴不仁之惡徒，執法者應該把他抓起來處以死刑，看誰還敢這樣做？

常有司殺者殺，夫代司殺者殺，是謂代大匠斲

殘暴不仁的國君，就經常有濫殺無辜百姓的暴行；而那些未經天子許可，而擅自興兵征戰也是一種濫殺無辜的暴行，大國諸侯掀起戰爭侵犯他國的行逕，無疑就是這個世代砍伐天下棟樑的大劊子手，可以稱之為「代大匠斲」。

夫代大匠斲者，稀有不傷其手矣

這些「代大匠斲」的大國諸侯，為了爭霸四處征戰殺戮，導致天下百姓民不聊生，他們執掌稱霸的政績，歷史都會紀錄下他們沾滿血腥的雙手。

一代暴君夏桀，窮奢極慾、濫殺忠臣，他寵愛有施氏的女兒妹喜，為了討她歡心，不惜壓榨天下民力、搜刮百姓財物，興建瓊室、象廊、瑤臺、酒池、肉林，忠臣們進諫他都毫不理會，有一忠臣龍逢因為不斷勸諫，夏桀惱羞成怒反而把他給殺了，諸多忠臣百姓不堪其暴虐倒行逆施，紛紛投效商湯，夏朝因此而滅亡。

商朝末代暴君紂王，生性更加殘酷、濫殺無辜、烹殺異己毫不手軟，他貪圖美色，為了討好妲己歡心，不但搜刮天下奇珍異物、建築鹿臺、酒池肉林，還強徵苛捐雜稅，導致民不聊生；忠臣「比干」也因為進諫，遭剖胸刨心之刑；同時他把九侯也施以醢刑，剁成肉醬，鄂侯極力強諫，結果鄂侯也遭到脯刑，被製成肉乾；紂王因其行徑殘暴不仁、百姓分崩離心、將士毫無鬥志，終被文武王抗暴滅紂而亡國。

西周早期諸侯對周王室言聽計從，包括大、中、小國的兵力規模、城牆高度都有等級限制，不得擅自擴大兵力、更不用說是出兵征戰，這在當時都屬於犯了天下之大忌；但是到了西周末期，因為周天子的昏庸無能，再加上周厲王烽火戲諸侯的導火線，造成各國諸侯對周王室極為反感，於是平王東遷後，進入春秋時期，諸侯各國開始僭越禮制，擴大兵力與領土，開啟了「禮樂征伐自諸侯出」，歷經二百餘年征戰，諸侯的公田漸漸也承擔不起無休止的戰爭，春秋後期，逐漸演變成「禮樂征伐自大夫出」，後來，卿大夫采邑的公田也難以支撐戰爭，遂進入所謂的戰國時期。

本卷經文，乃老子暗諷掀起戰爭之諸侯與暴君無異，《孟子·梁惠王篇》曰：「不嗜殺人者能一之；今夫天下之人牧，未有不嗜殺人者也，如有不嗜殺人者，則天下之民，皆引領而望之矣。誠如是也，民歸之，由水之就下，沛然誰能禦之」？

孟子說：不嗜好殺人的國君，可以一統天下；當今天下國君，沒有不嗜好殺人的，如果有不嗜好殺人的國君出現，那麼天下百姓都會恭敬抬頭仰望他，如果真的是這樣，百姓就會歸順於他，就猶如流水向下浩浩蕩蕩，誰又能阻擋這種趨勢呢？

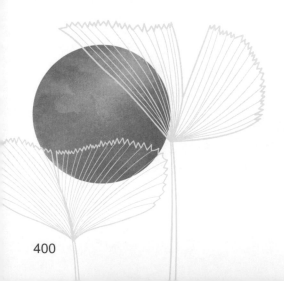

卷 七十五

民之饑，以其上食稅之多，是以饑
民之難治，以其上之有爲，是以難治
民之輕死，以其上求生之厚，是以輕死
夫唯無以生爲者，是賢於貴生

民之饑，以其上食稅之多，是以饑

百姓之所以饑餓困頓，是因為上位者執政苛稅太重、揮霍無度，導致民不聊生。

民之難治，以其上之有爲，是以難治

百姓之所以難以治理，是因為上位者行為自私自利、貪贓枉法，導致民心難治。

民之輕死，以其上求生之厚，是以輕死

百姓之所以不畏懼死亡，是因為他們基本的生存條件都被上位者剝奪了，才會冒死抗爭。

夫唯無以生爲者，是賢於貴生

只要上位者憑藉無私之心來牧養百姓，能重視百姓基本生存權益，他就是一位賢能之君。

孟子曰：「民為貴，社稷次之，君為輕；是故，得乎丘民而為天子，得乎天子為諸侯，得乎諸侯為大夫；諸侯危社稷，則變置；犧牲既成，粢盛既潔，祭祖以時，然而旱幹水溢，則變置社稷」。

孟子說：百姓地位最為重要，國家地位其次，國君地位最輕；所以，能得到民心的做天子、能得到天子歡心的做諸侯、能得到諸侯歡心的做大夫；一旦諸侯的行為，危害到國家社會，天子就會改立諸侯；若天子無道犧牲百姓，即使祭品豐盛，祭品潔淨，祭掃按時舉行，但仍然遭受旱災水災，這是國家滅亡的徵兆。

引用《維基百科》內文：在中國傳統理念中，「道」意味著天道，人們奉天行道謂之「德」，以心為德、施之為行，孔子認為「行」聖人之道者，要「敬天知命」達到與天地相通、天人合一的境界。

一次，魯哀公問孔子說：「敢問君子何貴乎天道也？」孔子回答說：「貴其不已，如日月東西相從而不已也，是天道也；不閉其久，是天道也；無為而物成，是天道也；已成而明，是天道也」。

哀公問：請問君子為何尊重天道呢？孔子回答說：尊重它是因為它不停頓地運行，就像太陽月亮每天東昇西落一樣，這就是天道；運行無阻而能長久，這也是天道；作為無私奉獻而萬物發育成長，這也是天道；成就了功業而光明磊落，這也是天道。

孔子感悟到天道具有成德生物、光明性質和生生不息的力量，天道無所不在，天道形諸於地，即為「地道」；形諸於水，即為「水道」；形諸於人，即為「人道」；做人要不斷地充實道德，才能知天事天，才能夠做到安身立命，如其在《大學》中所言：「格物、致知、正心、誠意、修身、治國、平天下」。

孔子還說「天無私覆、地無私載、日月無私照」，即奉行「三無私」的精神；他推崇先古聖王所行之王道，如三皇五帝、堯舜禹湯、文武周公所實行過的「道」，即為政者與天地同心，如「天、地、日、月」對世間萬物無私的氣度和胸懷，並以無私之心關愛天下眾民，這也是儒家所講的「內聖外王」之道。

《呂氏春秋‧貴公篇》講述一則「楚人失弓」的故事：荊人有遺弓者，而不肯索，曰「荊人遺之，荊人得之又何索焉？」孔子聞之曰「去其荊而可矣。」老聃聞之曰「去其人而可矣。」故老聃則至公矣，天地大矣，生而弗子，成而弗有。

楚國有人遺失了一把心愛的弓，他找了許久都沒找到，後來索性就不找了，他想：「在楚國遺失這把弓，撿到的也必定楚國的人，所以楚國並沒有損失啊！」孔子聽到這件事之後，便有感而發地說：「何必加上楚字呢？這是人使用的弓，拾到也是一定是人，所以人沒有損失，我認為應該去掉楚字」。老子聽到後說：「弓是竹子做成的，竹子是地上長出來的，所以遺失的弓，又回到了大地，這是天經地義的事，又何必多一個人字呢？」所以老子所言才是真正「至公」之道，看天地有多麼偉大啊！它孕育萬物、滋生萬物，卻從來不曾佔為己有，身為人類的我們，又何必那麼自私彼此爭奪呢？

卷七十六

人之生也柔弱，其死也堅強
萬物草木之生也柔脆，其死也枯槁
故堅強者死之徒，柔弱者生之徒
是以兵強則不勝，木強則折
故堅強處下，柔弱處上

人之生也柔弱，其死也堅強

人剛出生的時候，身體既柔軟又脆弱，人死的時候，身體既堅硬又強韌。

萬物草木之生也柔脆，其死也枯槁

天下萬物與草木植物誕生之初也是脆弱之軀，死亡的時候都像乾枯木頭。

故堅強者死之徒，柔弱者生之徒

所以姿態堅硬又強悍是死亡的象徵，謙卑柔弱才是生機的搖籃。

是以兵強則不勝，木強則折

因此兵力強大並不能戰勝民心，越堅韌強壯的大樹，越容易遭受砍伐，不得善終。

故堅強處下，柔弱處上

所以治國理民，採用高壓強勢的手段是下下之策，採用溫和柔順的仁愛德政才是上上之策。

自古以來國家的興盛敗亡，成敗皆在民心，故《管子‧牧民》曰：「故刑罰不足以畏其意，殺戮不足以服其心；故刑罰繁而意不恐，則令不行矣，殺戮眾而心不服，則上位危矣。故從其四欲，則遠者自親，行其四惡，則近者叛之，故知，予之為取者，政之寶也」。

管仲說：所以單靠刑罰不足以使人民畏懼害怕，僅憑殺戮不足以使人民心悅誠服；當刑罰繁重而人心不畏懼，法令就無法推行；當殺戮越多而人心不服，為君者的地位就危險了。因此，能夠順從人民四種願望，疏遠的民心會自然變得親近；如果施行人民所厭惡四種事情，親近的民心也會逐漸叛離，由此可知「予之於民，就是取之於民」這個原則，才是治國的法寶。

歷史證明，民心所向就是民意所歸，民意所歸就是民力所聚，夏桀、商紂都是暴力堅強之徒，都因為失去了民心而滅亡；水能載舟亦能覆舟，凡是政順民心，都能使國家安定昌盛興隆、百姓安居樂業，反之逆民心，最終下場其權勢甚至國家地位都會被取代。

分享《達賴喇嘛》一段智慧語錄：生活太累，一小半源於生存，一小半源於慾望與攀比；從佛家的觀點來看，當你覺悟到你的生命，與他人的生命交織在一起時，你就不可能把自己當作單一孤立的個體。所謂平等心，就是了解到所有的人，基本是平等的，好比說你衷心希望快樂，期望能克服痛苦的感受，而每個人也跟你一樣都有這種感受，也就是你們是平等的。

《寂天菩薩》有詩曰：「還需要再說些甚麼嗎？為自己的利益努力是愚蠢，為他人的利益努力是慈悲的。看看他們之間的不同，如果我不放下我的幸福，為他人受苦，我不會得到開悟，輪迴時也不會有真正的歡樂。世上所有悲劇的來源，存於顧及自我，所有快樂的來源，存於思及別人」。

天之道其猶張弓乎
高者抑之，下者舉之，有餘者損之，不足者補之
天之道，損有餘而補不足
人之道，則不然，損不足以奉有餘
孰能損有餘以奉天下，唯有道者
是以聖人爲而不恃，功成而不處，其不欲見賢

天之道，其猶張弓乎

上天之道，有平衡萬物生存的機制，如同拉弓射箭原理一樣。

高者抑之，下者舉之，有餘者損之，不足者補之

有人習慣高舉拉弓然後壓低射箭，有人習慣朝下拉弓然後上
抬射箭；拉弓力量大的人射程較遠，就延長標靶距離來考驗
他，拉弓力量不足的人射程較近，就縮短標靶距離來遷就他。

天之道，損有餘而補不足

上天之道，晝夜運行巧妙維持了萬物生態平衡，這是「損天
之有餘，而補地之不足」。

人之道，則不然，損不足以奉有餘

人君之道，他的行為就不是這種情況，總是不斷搜刮窮困百
姓之財物，用來滿足他個人私慾的貪圖享樂。

孰能損有餘以奉天下，唯有道者

不知道有哪個國家的當權者，願意大公無私奉養天下百姓？
看來只有胸懷「以民為本」的王者，才有這種「大公無私」
的智慧。

是以聖人為而不恃，功成而不處，其不欲見賢

所以聖人「大公無私」的行為美德，也是秉持「以民為本」
的理念，而不自恃其聰明才智；他們輔佐治國，是為了做大
事而不是為了做大官，聖人這種無私奉獻的人格特質，讓百
姓看見賢能輔政的可貴。

有次無意間觀賞到奧運射箭比賽過程，發現射箭好手分別有朝上與朝下二種持弓準備動作，因此有了解讀此卷經文之靈感。「射」乃六藝之一，六藝是指「禮、樂、射、御、書、數」，是西周制定貴族子弟必須學習掌握的六種基本才能，「男子生而有射事，長學禮樂以飾之」，周氏王朝把射箭作為必須掌握的人生技能，射禮有「大射、賓射、燕射、鄉射」四種，不同形式的射禮有不同的意義，舉辦地點、參禮人員、禮儀流程、甚至服飾弓具的規格等等，亦各有所區別。

《禮記‧射義》曰：「古者諸侯之射也，必先行燕禮；卿、大夫、士之射也，必先行鄉飲酒之禮。故燕禮者，所以明君臣之義也；鄉飲酒之禮者，所以明長幼之序也」；「射者仁之道也，射求正諸己，己正而後發，發而不中，則不怨勝己者，求反諸己而已矣」。

古代諸侯舉行射禮，一定要先舉行燕禮；卿、大夫、士舉行射禮，一定要先舉行鄉飲酒之禮。之所以先舉行燕禮，是為了明確君臣的名分；之所以先舉行鄉飲酒之禮，是為了明確長幼的順序。比賽射箭這件事，其中含有求仁之道，射箭時先要求自己做到心平氣和、身體端正，自己做到了心平氣和、身體端正之後才開始發射，發射而沒有射中目標，則不應埋怨勝過自己的人，而應該回頭來反省檢討自己的能力。

古人選「士」之時，首重德行之考量，然後即取決於射，「射禮」在先秦時期的語義裡，更被賦予了「求仁、觀其德行」這樣一個世俗化的重要意義。《禮記‧射義》所云：「故射者，進退周還必中禮，內志正、外體直，然後持弓矢審固，持弓矢審固，然後可以言中，此可以觀德行矣」。

所以射箭的人，不論前進還是後退，左旋還是右轉，動作一定要符合規矩。從內心來說，需要沉著冷靜；從外表來說，身體必須挺直；然後才可以把弓箭拿得緊、瞄得準。把弓箭拿得緊瞄得準，然後才可以指望射中。所以說，從人的外部射箭動作就可以看出他的內在德行。

故而本卷老子以「射禮」為喻，觀乎天下之德；《唐太宗‧李世民》說：「為君之道，必須先存百姓，若損百姓以奉其身，猶割股以啖腹，腹飽而身斃。」他這段話的意思是說，做國君的原則，就是必須以百姓的存活為先；若是以損害百姓的利益來奉養自身，那等於是割自己大腿上的肉來填飽肚子，雖然填飽了肚子，但是人也死了。

卷 七十八

天下柔弱莫過於水，而攻堅強者莫之能勝
以其無以易之
柔之勝剛，弱之勝強
天下莫不知，而莫之能行
是故聖人曰
受國之垢，是謂社稷主
受國不祥，是謂天下王
正言若反

天下柔弱莫過於水，而攻堅強者莫之能勝

「水」堪稱是天下最柔弱的物質，而破壞力最堅硬的攻擊武器，卻無法戰勝它。

以其無以易之

水的特質似乎沒有任何物質可以取代它。

柔之勝剛，弱之勝強

對天下百姓而言，採用「懷柔政策」遠勝於「堅硬手段」、採用「謙卑包容」遠勝於「強權恫嚇」。

天下莫不知，而莫之能行

這個簡單的道理，天下沒有人不知道，但是各國爭霸還是致力強攻武嚇、窮兵黷武，完全漠視天下百姓的心聲。

是故聖人曰

所以先古聖人告誡後世繼位的天子以及各國諸侯。

受國之垢，是謂社稷主，受國不祥，是謂天下王

諸侯們必須概括承受起，國家所有汙垢之責任於一身，這是身為「社稷主」的基本天職；天子必須概括承受，天下各國不祥徵兆之責任於一身，這是身為「天下王」的基本天職。

正言若反

若用聖人所言之正道，來審視天下之局勢，可以說當今沒有一位國君有資格，可以稱之為「社稷主」，當今周室王朝也沒有一位天子有資格，可以稱之為「天下王」。

此卷經文所言之「正言若反」，其時代背景泛指東周，老子所處之春秋時期而言，所述內文猶似「上善若水」既濟卦的反卦「未濟卦」，水能載舟亦能覆舟，未濟卦是尾卦，卦象離上坎下，離為火，火性炎上而又居上，坎為水，水性潤下而又居下，水火違行而無法交合，造成了陰陽冷熱失調，未濟卦又有外文明而內幽暗的卦象，外表很美麗，實則危險藏之於內。

《左傳·宣公十五年》：「諺曰高下在心，川澤納汙，山藪藏疾，瑾瑜匿瑕，國君含垢，天之道也」。俗話說：高高低低、上上下下都在心裡，江河湖泊能夠容納混濁汙水，深山密林能夠隱藏毒蟲猛獸，珍貴玉器也藏匿著斑痕，國君也得有包容異己、忍受恥辱的雅量，這是上天的常道。

《禮記·禮運》曰：故聖人耐以天下為一家，以中國為一人者，非意之也，必知其情，辟於其義，明於其利，達於其患，然後能為之；《論語·大學》曰：自天子以至於庶人，壹是皆以修身為本，其本亂而末治者否矣，其所厚者薄，而其所薄者厚，未之有也！

聖人習慣把整個天下看成是一個家庭，把全國百姓看成是一個人，這並不是主觀臆想出來的，而是通過實際了解人情、洞曉人義、明白人利、熟知人患，然後才能夠做到的；上自天子、下至平民百姓，人人都要以修養品性為根本，若這個根本被擾亂了，家庭、家族、國家、天下要治理好是不可能的，不分厚薄緩急，本末倒置卻想做好事情，這也同樣是不可能的！

《周書・洪範》有言曰：無偏無陂，遵王之義；無有作好，遵王之道；無有作惡，遵王之路；無偏無黨，王道蕩蕩；無黨無偏，王道平平；無反無側，王道正直。會其有極，歸其有極。曰皇極之救護，是彝是訓，于帝其。凡厥庶民，極之敷言，是訓是行，以近天子之光，曰天子作民父母，以為天下王。

引用《詩詞古文大網》註解：不要有任何偏頗，要遵守王法；不要有任何私好，要遵守王道；不要為非作歹，要遵行正路。不要偏私不結朋黨，王道就寬廣；不結朋黨不要徇私，王道就平坦；不違反王道，不偏離法度，王道就正直。團結堅持最高法則的人，臣民就將歸附最高法則。所以說，對以上陳述的最高法則，要宣揚訓導，這就是順從上天的旨意、凡是把天子宣布的法則當作最高法則的臣民、只要遵照執行，就會接近天子的光輝，也就是說，天子只有成為臣民的父母，才能成為天下的君王。

卷 七十九

和大怨必有餘怨，安可以爲善
是以聖人執左契，而不責於人
故有德司契，無德司徹
天道無親，恆與善人

和大怨必有餘怨，安可以爲善

戰爭會引發兩國百姓之間的大仇恨，當戰爭結束了，戰敗亡國的百姓心中勢必會有餘怨，未必能真正臣服於領導統治，此時積極去關懷安頓他們的生活，可以改善他們仇恨的心態。

是以聖人執左契，而不責於人

所以聖人主張採取「懷柔政策」之承諾來治理他們，而不採取高傲姿態，去譴責這些亡國的遺民。

故有德司契，無德司徹

所以從他們原本適應的官方體制之中，選擇有德之人來繼續擔任輔政要職，而把那些居高位沒有德行的貴族，撤除他們的身分地位。

天道無親，恆與善人

天道對待天下萬物大公無私，不會因為人類祭天儀式隆重而有所偏愛，這種恆久不變的法則值得學習用來善待他人。

春秋時期諸侯紛爭，重武輕文，如經卷三十七所言：「夫兵者不祥之器也，物或惡之，故有道者弗處，君子居則貴左，用兵則貴右，故兵者非君子之器也」。

「契」古字寫作「㓞」，始見於商代甲骨文，本義就是「刻」，引申為「契約」義，故司契解讀為戰敗國之舊有體制而論述之；「徹」的說文解字，本義即撤除、撤去，《詩經》：「諸宰君婦，廢徹不遲。」眾廚師和主婦們，很快地撤去肴饌祭品。

此卷經文之內涵，旨在告誡戰爭取得勝利之國，應效法天道之大公無私精神，以「懷柔政策」公平對待喪國百姓，絕對不可偏心獨厚於貴族，並且協助降國之民、重整社稷秩序，重用那些原本深得民心的「有道者」擔任要職，處罰那些居高位而不得民心的貴族，如此一來，自然能化解他們心中敵對的餘怨。

夏王朝的奴隸，主要來源於戰爭中的俘虜，某些部族被夏王朝討滅之後，組織形式依然保留，其成員整體均淪為奴隸，《楚辭天問》曰：啟討滅有扈氏，將其部族成員罰作「牧豎」，即放牧牲畜的奴隸。

禹的大臣皋陶發明了刑法，因其制典造獄的功績卓越與上古先賢堯舜禹同稱為「上古四聖」，他執法如山、正直無私聞名天下，因此被奉為「中國司法鼻祖」，皋陶身邊有一隻神獸「獬豸」，獬豸又被稱為直辯獸或者獨角獸，當人們發生衝突或者糾紛時，牠能用角指向無理的一方，甚至會將罪該萬死的人用角抵死，令犯法者不寒而慄，中國歷史上最早監獄就是夏朝的「夏台」，夏桀曾將商湯囚禁於此。

公元前 1600 年，商族部落首領商湯滅夏桀，建立了商王朝，早期因水患和權位紛爭多次遷都，直到盤庚在位時，遷都于殷才穩固下來，又稱「殷商」；商朝因為迷信鬼神巫術，經常以祭祀為目的，宰殺奴隸和牲畜成為祭品，稱之為「犧牲」。

公元前 1046 年周武王帶領各諸侯聯軍，起兵伐紂滅商，由於商朝當時遺民眾多，於是武王為了方便加以管理，便將殷之遺民「西遷」，遷往周人直接控制的地區，一方面可以削弱了商朝的殘餘勢力，同時也使東土人才為周所用，這是中國歷史上第一次民族大遷移。

一個人的思想，決定一個人的格局，分享《詹姆斯·艾倫》一段智慧語錄：「即使在最虛弱、最散漫的狀態下，人也可以用正確的思想主導自己。但如果一個人不注重思考，就可能陷入不明智甚至愚蠢的思想之中，甚至無法自拔。不過，人一旦開始仔細思考，並堅持不懈地尋找事物的本質規律，正確地看待自己，就會從墮落中走出來，明智地處理任何問題，進而智慧行事，收穫人生中的累累碩果。想要讓自己永遠意識清醒，做最真實的自己，人就必須認識自己內在的思想規律。這個過程，就是一個人不斷自我剖析和體驗的漫漫長路」。

小國寡民，使有什伯之器而不用
使民重死而不遠徒
雖有舟輿，無所乘之
雖有甲兵，無所陳之
使民復結繩而用之
甘其食，美其服，安其居，樂其俗
鄰國相望，雞犬之聲相聞
民至老死不相往來

小國寡民，使有什伯之器而不用

小國百姓人口不多，即使給他們攻城掠地的大型武裝器具，他們也沒有足夠兵力來使用。

使民重死而不遠徒

他們特別奉勸百姓珍惜生命，不要冒險遠行遊走他國，以避免引起不必要之紛爭。

雖有舟輿，無所乘之

他們雖有渡河舟船與馬車，那也只是方便百姓日常生活搭乘之所需，無法用來做為支援戰爭之運載。

雖有甲兵，無所陳之

他們雖有護衛國土兵力配置，那也只是維護治安的格局，並不具有作戰規模。

使民復結繩而用之

小國對於鐵器製造與使用特別有所顧忌，深怕引起大國的猜疑，他們儘量教導百姓，使用古代結繩技法來從事勞動生產。

甘其食，美其服，安其居，樂其俗

他們享用平凡食物、穿著平庸服飾、居所講求安定而不追求奢華，小國百姓對這種既單純又樸實的生活習俗也樂在其中。

鄰國相望，雞犬之聲相聞，民至老死不相往來

為了避免淪為大國侵犯的藉口，即使生活在兩國交接的邊境，可以聽到鄰國居民所飼養雞犬啼叫的聲音，小國百姓始終堅守與鄰國百姓「老死不相往來」的禁令。

多數學者將「小國寡民」詮釋定調，此乃老子「烏托邦」的治國理想藍圖，這可以說是一種很荒謬的錯誤解讀，《管子・權修》曰：「故取於民有度，用之有止，國雖小必安；取於民無度，用之不止，國雖大必危」，故而國之大小、民之多寡非構成治國理想之必然要件，而是取決於執政者之作為。

自春秋時期開始，周天子權勢明顯式微，大國諸侯為了爭做霸主，天下陷入一片混戰，大國相繼併吞鄰近小國，從春秋五霸到戰國七雄，周室王朝實際上，可以說是一個「名存實亡」的傀儡政權，只剩下浪得虛名的「天子」尊稱。

周室王朝自「成康之治」後，繼位之天子一代不如一代，到了春秋時期，執政能力更是越來越低迷，而且虛實不辨、公義不護、縱慾享樂、貪圖偏安一隅，導致開朝分封百餘個小國，紛紛遭受大國諸侯相繼併吞之命運。

「什伯之器」是指攻城掠地所使用的大型武裝器具，古代常見的攻城大型器具如沖車、雲梯、渡濠器具、投石車等等，這些都必須動員龐大兵力；大國為了達到併吞企圖，對鄰近小國始終虎視眈眈，小國為了維護百姓安全，避免淪落大國興兵討伐之藉口，以「戒慎恐懼」之心態，來治理國家並約束百姓，其中處境最困頓無奈的，無非是邊境緊鄰多個大國的小國，因為討好那一方都得不償失。

大國為了併吞小國，可以說是無所不用其極，所謂「欲加之罪何患無辭」？為了師出有名，謊稱小國有謀逆之心，故而興兵自衛，此卷旨在暗諷天子，不但無德無能，甚至無知到「小國蓄意謀反」這種離譜的謊言也相信，才會留下被老子暗諷指責的話柄。

「鄰國相望，雞犬之聲相聞，民至老死不相往來」，這是國家興亡，匹夫有責的最佳寫照。春秋時期有一個「弦高犒師」的典故，公元前 627 年，鄭國商人弦高，經商時經過滑國，半路聽聞得知秦軍準備要去突襲攻打鄭國。於是他靈機一動，他急忙派人回鄭國稟告，同時自己冒稱是鄭國的使者，前往秦軍之營寨獻上四張皮革和十二頭牛犒勞秦軍，用意是在暗示秦軍將領，鄭國已經預知秦軍要來襲，秦帥「孟明視」信以為真，以為鄭國早已有防備，於是領兵滅掉滑國後，就回去交差了，從而使鄭國避免了亡國兵禍，鄭穆公想要獎賞弦高救國的行為，弦高辭而不受。

分享三則《毛澤東語錄》：一、群眾是真正的英雄，而我們自己則往往是幼稚可笑的，不瞭解這一點，就不能得到起碼的知識。二、從群眾中集中起來，又到群眾中堅持下去，以形成正確的領導意見，這是基本的領導方法。三、我們應該走到群眾中去，向群眾學習，把他們的經驗綜合起來，成為更好的有條理的道理和辦法，然後再宣傳告訴群眾，並號召群眾實行起來，解決群眾問題，使群眾得到解放和幸福。

卷 八十一

信言不美，美言不信
善者不辯，辯者不善
知者不博，博者不知
聖人不積
既以爲人己愈有
既以與人己愈多
天之道，利而不害
聖人之道，爲而不爭

信言不美，美言不信

有的人講話守信用、用辭卻不修飾；有的人講話很動聽，卻沒有守信用。

善者不辯，辯者不善

有的人做事很良善、卻不擅長辯解；有的人很擅長辯解，做事卻不良善。

知者不博，博者不知

有的人見識有正知、學問卻不淵博；有的人學問很淵博，卻沒有正知見。

聖人不積

對於人們所彰顯這些個別的行為差異，聖人總是維持客觀的立場，心中不會囤積任何偏見。

既以爲人己愈有

若去追究人們為人處事的優劣，會發現每一個人都有屬於自己的長處與短處。

既以與人己愈多

若經常與人計較這些利害得失，會發現自己要改善的缺點與偏見，就會累積的越來越多。

天之道，利而不害

上天之道，周而復始的運行，是為了利益萬物生存，而不生傷害之心。

聖人之道，爲而不爭

聖人之道，無私奉獻的行為，是為了傳承人性美德，而不生爭奪之心。

本卷經文以「無為」、「中道」做為總結，有一句智者名言:「做該做的事就是成長，有些事你不想做，但是應該做的就去做，這就是成長」。甚麼是應該做的事呢？在老子的觀念中，「大公無私、不求名利、節儉樸素、以身作則、無私奉獻、功成身退」，此乃聖人六種美德。

佛陀成道之初，為五比丘講說四聖諦，其中道諦所說八正道，就是教弟子離於偏執，履中正而求解脫之道，故稱「中道」；中道是佛教的根本立場，中道就是離二邊之極端，取一種不偏於任何一方的中正之道。

有人問上人：如何才能不與人計較？

證嚴法師：真正自愛的人是不會與人計較的。自愛不是私愛，而是沒有自私的愛，若能自愛，相對的也能對他人尊重，如同天秤的兩頭，一頭下垂，另一頭就上提，你若與人斤斤計較，人格就會低落，你若謙恭低下，人格就會昇華。

然而只有強忍是不夠的，還要吞忍下去，再把它化解到什麼都沒有為止。如果一再計較，只會徒增是非煩惱而已。所以要內修謙虛～將心擴大，人人都能包容；外修禮儀～將己縮小，鑽入人人的心。

所謂「公修公得，婆修婆得，不修不得」，若別人以壞聲色待你，不要與他計較而應用心自我反省～自己是那一點做不好，而令別人有所不滿？找出癥結後力求改進，直到令人見了就歡喜。

唐代韓愈的《師說》：「古之學者必有師，師者，所以傳道受業解惑也，人非生而知之者，孰能無惑？惑而不從師，其為惑也，終不解矣」；「聖人無常師，孔子師郯子、萇弘、師襄、老聃；郯子之徒，其賢不及孔子；孔子曰三人行，必有我師，是故弟子不必不如師，師不必賢於弟子，聞道有先後，術業有專攻，如是而已」。

《王陽明·知行合一》至理名言：「無善無惡心之體，有善有惡意之動，知善知惡是良知，為善去惡是格物；天地雖大，但有一念向善，心存良知，雖凡夫俗子，皆可為聖賢」。

後語——

如人飲水冷暖自知

《 後語‧如人飲水冷暖自知 》

我把《道德經》釋說得如此淺白，究竟是好事？還是壞事？其實我心裡是充滿愧疚的。畢竟二千五百多年來《形而上的道》，一直懸掛在虛空之中，它象徵著，中國道家道統傳承的驕傲，象徵著中國文化底蘊的根基，我卻以凡夫俗子的立場淺言訴說，或許它只是一種因緣巧合罷了。

佛經有云：「有因有緣事易成，有因無緣果不生，不信但看寒江柳，一經春風枝枝新」。有句俗話說：「未成佛道，先結人緣」，對修行人來說，修行成就與否，除自身努力外，尚需藉由外緣的善知識來提攜與指導，來打開人際關係之方便法門，有了良好的人際關係，做事自然能事半功倍，無論修行或處世為人，《廣結善緣》儼然是十分重要的種子，人與人要有善緣才能相安共事，人與事要有善緣才能有所成就；人與社會，乃至一切事事物物，都要有善緣才能至臻圓滿，猶如寒江邊柳樹，都要歷經季節的變遷，值遇春風才有枝枝吐露新芽契機。

明太祖《御注道德真經》序：一日，試覽群書，檢間有《道德經》一冊，因便但觀。見數章中盡皆明理，其文淺而意奧，莫知可通。罷觀之後，旬日又獲他卷，注論不同。再尋較之，其所注者人各異見，因有如是，朕悉視之，用神盤桓其書。久之，以一己之見，似乎頗識，意欲試注以遺方來，恐今後人笑，於是弗果。

又久之，見本經云：「民不畏死，奈何以死而懼之？」當是時，天下初定，民頑吏弊，雖朝有十人而棄市，暮有百人而仍為之，如此者豈不應經之所云？朕乃罷極刑而囚役之。

人身既可以浩瀚如宇宙，也可以卑微如塵埃，《諾貝爾文學大師‧馬奎斯》說：「風將會摧毀這座鏡子之城，將它從人類的記憶抹去，所有一切從一開始到永遠，都不會再出現一次，因為這詛咒百年孤寂的家族，在世界上，不會有再來一次的機會」。

《道德經》可觀照出人性之私、可觀照出聖人之德，若以修心為要，一言以蔽之，此經可謂「玄道上德」真經。玄道，乃玄念之義，說明你當下念頭所做出之抉擇，可善哉亦可惡哉，可大焉亦可小焉，抉擇不代表你能貫徹始終，故而心中必須要有一把尺，一把可以丈量其公正無私之尺，那就是上德之量，次第修行而能入定者，心境自可回歸本來面目，看見屬於自己的那顆「赤子之心」。

隨著《馬王堆帛書老子》甲乙殘卷、以及《郭店竹簡老子》殘卷之出土文物，交叉比對諸多通行本，可謂千頭萬緒又一章，時至今日，道德經的流通與暢銷世界各地，其發展趨勢已成定局，任何譯說雜染只是錦上添花，可謂百花齊放，獨樹一格，不存在優劣是非，一切如人飲水冷暖自知，或許兩岸三地國學大師們，可集結出一本當代通行本的共識，相信這是炎黃子孫所樂見的，也是老子他老人家所樂見的，期待它是可以夢見的未來。

日本夢窓禪師偈曰：「青山幾度變黃山，世事紛飛總不干；眼內有塵三界小，心頭無事一床寬」。

附錄一

太上老君說常清靜經

《 太上老君說常清靜經 》

老君曰：大道無形，生育天地，大道無情，運行日月，大道無名，長養萬物，吾不知其名，強名曰道。夫道者，有清有濁，有動有靜，天清地濁，天動地靜，男清女濁，男動女靜，降本流末而生萬物，清者濁之源，動者靜之基，人能常清靜，天地悉皆歸。夫人神好清而心擾之，人心好靜而慾牽之，常能遣其慾而心自靜，澄其心而神自清，自然六慾不生，三毒消滅。

所以不能者，為心未澄，慾未遣也，能遣之者，內觀其心，心無其心，外觀其形，形無其形，遠觀其物，物無其物，三者既無，唯見於空，觀空亦空，空無所空，所空既無，無無亦無，無無既無，湛然常寂，寂無所寂，慾豈能生，慾既不生，即是真靜。

真常應物，真常得性，常應常靜，常清靜矣，如此清靜，漸入真道，既入真道，名為得道，雖名得道，實無所得，為化眾生，名為得道，能悟之者，可傳聖道。

老君曰：上士無爭，下士好爭，上德不德，下德執德，執著之者，不明道德，眾生所以不得真道者，為有妄心，既有妄心，即驚其神，既驚其神，即著萬物，既著萬物，即生貪求，既生貪求，即是煩惱，煩惱妄想，憂苦身心，便遭濁辱，流浪生死，常沉苦海，永失真道，真常之道，悟者自得，得悟道者，常清靜矣！

春有百花秋有月
　　夏有涼風冬有雪
若無閒事掛心頭
　　便是人間好時節

—　南宋·慧開禪師　—

國家圖書館出版品預行編目 (CIP) 資料

我與老子在道德夢境中相遇 / 牛玄子淺譯.
-- 臺北市：敦煌傳播有限公司, 2023.03
面： 公分
ISBN 978-626-97169-0-6 (精裝)

1. CST：道德經 2. CST：注釋

121.311 112002151

書　　　名	我與老子在道德夢境中相遇
作　　　者	牛玄子
發 行 人	陳文瑞
出　　　版	敦煌傳播有限公司
地　　　址	110 臺北市信義區福德街137巷2號
服 務 電 話	(02) 2346-4888
服 務 傳 真	(02) 2346-4999
服 務 信 箱	taipei.cave@gmail.com
企 畫 編 輯	陳文君　郭志成
美 術 編 輯	邱珮妤
校 對 核 稿	鄭智惠
插 畫 圖 片	均由Shutterstock.com合法授權下載使用
出 版 日 期	2023年3月
版　　　次	限量精裝版・初刷
定　　　價	新台幣500元
印　　　刷	永光彩色印刷股份有限公司

代理經銷商 / 白象文化事業有限公司
401 臺中市東區和平街228巷44號
電話：(04) 2220-8589　傳真：(04) 2220-8505